P. Riesemann
Voßstr. 16
8 Mü 90

12/81

Kohlhammer
Urban-
Taschenbücher

Band 136

Siegfried Elhardt

Tiefenpsychologie

Eine Einführung

Siebte Auflage

Verlag W. Kohlhammer
Stuttgart Berlin Köln Mainz

CIP-Kurztitelaufnahme der Deutschen Bibliothek

Elhardt, Siegfried:
Tiefenpsychologie: e. Einf. / Siegfried Elhardt.
– 7., unveränd. Aufl. – Stuttgart, Berlin, Köln, Mainz: Kohlhammer, 1980.
(Urban-Taschenbücher; Bd. 136)
ISBN 3-17-005735-9

Siebte unveränderte Auflage 1980

Stuttgart Berlin Köln Mainz
Verlagsort: Stuttgart
Umschlag: hace
Gesamtherstellung: W. Kohlhammer GmbH
Grafischer Großbetrieb Stuttgart
Printed in Germany

Inhalt

Vorwort

Dieses Buch ist ein Versuch, in die Grundbegriffe und die spezifische Denkweise der Tiefenpsychologie sowie in ihre wichtigsten theoretischen und praktischen Ergebnisse einzuführen. Dabei wurde besonderer Wert darauf gelegt, Interesse zu wecken und nicht durch exklusiv-fachwissenschaftliche Darstellung (und das heißt eben oft: mühselige Schwerverständlichkeit) zu entmutigen. Der Stil dieser Einführung soll daher möglichst anschaulich sein und – bei besonderer Betonung des genetischen Aspekts – erste Möglichkeiten tiefenpsychologischen Verständnisses vermitteln, wobei keine wissenschaftlichen Vorkenntnisse vorausgesetzt werden.
Damit ist aber zugleich gesagt, daß für die weitere Vertiefung und vor allem auch für die Schärfung des theoretischen Problembewußtseins weder auf das Studium der Originalwerke S. Freuds und anderer großer Tiefenpsychologen verzichtet werden kann, noch die Lektüre umfangreicherer und daher gründlicherer Übersichten unterlassen werden sollte. Der Autor hofft im Gegenteil, daß die vorliegende, räumlich notgedrungen begrenzte Einführung gerade dazu anregt (wobei spezielle Hinweise im Literaturverzeichnis eine Hilfestellung geben sollen). Kritische Problemdiskussion ist erst möglich, wenn die Grundphänomene bekannt und vertraut und ihre begriffliche Verarbeitung durchdacht und verstanden ist. Der Autor möchte freilich auch vermeiden, daß einem (heute oft zu beobachtenden) intellektuellen Jonglieren mit lediglich rational übernommenen Konstrukten – ohne an sich selbst erlebte Erfahrungsbasis unbewußter Vorgänge – Vorschub geleistet wird, worin wohl das Hauptproblem des Lehrens auf unserem Fachgebiet liegt. Keinesfalls aber darf diese Einführung als geeignete Grundlage zur praktischen Ausübung von Psychotherapie mißverstanden werden.
Es ist unvermeidlich, daß bei der gebotenen Auswahl die persönlichen Erfahrungen und Überzeugungen des Autors mitschwingen. Daher ist das Hauptgewicht dieser Einführung auf die Darstellung der Psychoanalyse gelegt, und zwar auf die beiden in

der Bundesrepublik bedeutsamsten psychoanalytischen Richtungen, nämlich der klassisch-orthodoxen von S. Freud und seinen Nachfolgern wie der sogenannten neopsychoanalytischen Richtung, die von H. Schultz-Hencke begründet wurde. Der Autor ist der Meinung, daß diese beiden Richtungen am gründlichsten theoretisch durchdacht, durch klare Modellvorstellungen strukturiert und in ihrer Methodik und ihren Behandlungsergebnissen durch veröffentlichte Kasuistik und katamnestische Untersuchungen am besten wissenschaftlich überprüft sind. Im übrigen konnten hier nur die von A. Adler und C. G. Jung begründeten Schulen in Kürze dargestellt werden; zur Information über die zahlreichen anderen Strömungen in der Tiefenpsychologie muß auf die gründliche Übersicht von D. Wyß (124) verwiesen werden.

Gedacht ist diese Erst-Einführung für Ärzte, Psychologen, Soziologen, Pädagogen, Psychagogen sowie für Studierende dieser Richtungen, darüber hinaus aber auch für alle, die im privaten und beruflichen Umgang mit Menschen eine Verstehenshilfe von der Tiefenpsychologie erhoffen. Das Buch stellt eine immer wieder erbetene, wenn auch sehr gekürzte Fassung der Vorlesungen und Seminare dar, die der Autor seit 1964 sowohl an der Universität München wie auch am Münchener psychotherapeutischen Ausbildungsinstitut zur Einführung in die Tiefenpsychologie gehalten hat.

Mein Dank richtet sich an meine Frau, die die Arbeit an diesem Buch mit manchen Anregungen und fruchtbarer Kritik begleitet hat. Meinem Lehrer Fritz Riemann verdanke ich die entscheidenden Hilfen auf meinem persönlichen Weg der analytischen Selbsterfahrung. Darüber hinaus möchte ich aber meinen Patienten und Lehranalysanden danken, deren Vertrauen mir ermöglicht hat, nicht nur übernommene Theorien und abstrakte Hypothesen zu referieren, sondern die Darstellung auf erlebte Wirklichkeiten aus gemeinsamer therapeutischer Arbeit über viele Jahre zu gründen.

München-Grünwald, im Frühjahr 1971 Siegfried Elhardt

A. Der topographische Aspekt

1. Das Unbewußte – die neue Dimension

Wer sich über sich selbst Gedanken macht, glaubt zunächst meist, sich der wesentlichen Motive seines Erlebens und Handelns bewußt zu sein. Stößt man dabei jedoch auf unerklärlich-Irrationales, so ist dies mit Befremdung, Erschütterung oder gar erheblicher Beängstigung verbunden, glaubte man doch Herr im eigenen Hause zu sein. Eine ähnliche Erschütterung eines allzu selbstsicheren Menschheitsbewußtseins bedeutete es seinerzeit, als Sigmund Freud erkannte, daß es im Menschen einen Seelenraum gibt, mit dem sich die Psychologie seiner Zeit, eine reine Bewußtseinspsychologie, nie gründlicher befaßt hatte. Ausgangspunkt dieser Erkenntnis war einmal das Studium psychoneurotischer Phänomene, etwa einer Zwangsidee (z. B. ichfremd erlebte Tötungsimpulse) oder hysterischer Symptome (z. B. organisch unbegründete Lähmungen), die die Wissenschaft damals nicht überzeugend erklären konnte. Aber auch normale, uns allen bekannte Phänomene, wie der Traum oder jene »Zufälle«, die wir als Fehlhandlungen bezeichnen, waren wissenschaftlich kaum verstehbar und wurden auch wenig ernst genommen. Gerade das Ernstnehmen des irrational-Unverständlichen, ja des Absurden aber führte Freud zur wissenschaftlichen Erfassung einer seelischen Dimension, die zwar nicht unbekannt und unbenannt war, jedoch mehr den Dichtern und den Philosophen vorbehalten blieb: die Dimension des Unbewußten.

Was verstehen wir unter diesem Bereich? Die Tiefenpsychologie behauptet, daß nur ein geringer Teil der seelischen Vorgänge, die sich im Menschen abspielen, im Licht klarer Bewußtheit erfaßbar sei. Oft können wir zwar durch bemühtes Nachdenken und Meditieren zum nachträglichen vollen Wiedererleben dessen gelangen, was uns vorher verschwunden erschien, sowohl bei aktuellen Handlungen wie bei lebensgeschichtlichen Rekonstruktionen. Diesen Bereich nannte Freud das *Vorbewußte:* Inhalte,

um die wir nicht spontan wissen, die jedoch einer Bemühung wieder relativ voll bewußt zugänglich sind.
Wer jedoch glaubt, auf diese Weise z. B. dem Motiv einer Zwangsidee auf die Spur zu kommen, wird zum erfolglosen Grübler. Handelt es sich hier doch um Prozesse, die gegenüber dem Bewußtsein so gründlich versperrt sind, daß sie durch allen noch so bemühten Einsatz von Denken und Wollen nicht zugänglicher werden. Sie gehören dem Bereich des *Unbewußten* an, der aber Kräfte enthält, die in unser konkretes Leben erlebnisgestaltend und verhaltensbedingend hineinwirken (Psychodynamik).
Freud postulierte zunächst, daß das Unbewußte durch einen »Zensor« vom Vorbewußten und Bewußten getrennt wird. Wie jeder Zensor habe er Gründe hierzu, denn die Inhalte des Unbewußten würden unser bewußtes Leben deshalb erheblich stören, weil es sich um Impulse und Vorstellungen handle, die unserem Wachdenken unzumutbar, anstößig, irritierend, infantil und verboten erscheinen. Der Zensor eliminiert (ähnlich wie in der Presse in einer Diktatur) »zum Schutz des Menschen« und »zur Aufrechterhaltung von Ruhe und Ordnung« das Bewußtwerden derjenigen Fakten, die Konflikte mit den bewußten Ziel- und Wertvorstellungen des erwachsenen Menschen hervorrufen würden. Er stellt also eine defensive innere Abwehrinstanz dar, die konflikthafte Störungen des gesellschaftlich wert- und normgerechten Erlebens und Handelns ersparen soll; er »verdrängt« z. B. Haßgefühle, sexuelle Wünsche und traumatische und beschämende Erlebnisse, deren Erinnerung die Selbstwürde kränken könnten. Bereits beim Kind tritt dieser Zensor in Funktion, um seelische Inhalte ins Vergessen zu verdrängen und damit unerlebbar zu machen, die angesichts der Reaktion und Wertwelt der Eltern gefährlich wären.
Das Entscheidende ist jedoch, daß diese verdrängten Erlebnisinhalte damit nicht wirklich ausgelöscht sind. Sie behalten nämlich ihre dynamische Kraft und Wirksamkeit und müssen daher ständig in Schach gehalten werden. Gelingt dies nicht vollständig – und die Inhalte des Verdrängt-Unbewußten haben wie alles Unterdrückte die Tendenz, sich immer wieder geltend zu machen und Gehör zu heischen –, so können sich neurotische Symptome bilden, die vom erlebniseingeschränkten, »unifor-

mierten« Bewußtsein her absurd, sinnlos und unmotiviert erscheinen. Aber auch im normalen Leben suchen sie Ausdrucksmöglichkeiten, am deutlichsten im Phänomen des Traumes oder in den Fehlhandlungen. Mangels Zugang zum Bereich des Unbewußten kommen uns daher viele Träume unverständlich und daher unwichtig vor und viele Fehlleistungen als sinnloser Zufall. In Wirklichkeit sind sie sinnvolle Ausdrucksmittel und Ventile einer unterdrückten Welt in uns, die eben auch zu uns gehört, so wie ein Eisberg nicht nur aus seiner sichtbaren Spitze, sondern aus seiner viel größeren wasserbedeckten Basis besteht, eine Metapher Freuds, der verläßliche Wege zum Unbewußten entdeckt hat.

Das *topographische Modell* Freuds besagt, wie bereits angedeutet, daß unser »seelischer Apparat«, wie er sich ausdrückte, in die drei Systeme des *Bewußten, Vorbewußten* und *Unbewußten* aufgegliedert sei. Sehen wir uns im folgenden an, wie er diese Hypothese belegt und was sie zum Verständnis des Menschen beiträgt.

2. Der Traum – via regia zum Unbewußten

Das Phänomen des Traums hat die Menschen seit alters her tief beschäftigt, schienen Träume doch wie eine Kunde aus einer anderen Welt voller Geheimnisse und Rätsel, eindrucksvoll, aufwühlend und oft weit in die Stimmung des Tages hineinreichend. Diese erlebte Gleichzeitigkeit: persönliches Betroffensein bei beunruhigendem Nichtverstehenkönnen, diese Irrationalität hat den Menschen seit eh und je zur Stellungnahme herausgefordert. Man sah daher im Traum oft eine Stimme Gottes, eine Offenbarung, Weissagung oder etwas Numinoses schlechthin. In den alten Mythen und Sagen werden wichtige Entscheidungen des Tageslebens durch weichenstellende Träume eingeleitet (Kemper). Dann wieder verflacht kulturhistorisch das numinose Angerührtwerden im Versuch pragmatisch-primitiver Vulgärdeutungen (Traumbücher), den Traum als magisch-schicksalhafte Zukunftsvoraussage im Alltäglichen zu verstehen. Ähnlich wie das am anderen erlebte Phänomen des Todes ist der Traum aber immer etwas geblieben, was subjektiv als Einbruch von Transzendentalem erlebt wird, der Realität nicht ohne weiteres einzuordnen, aber der persönlichen Betroffenheit wegen nicht ohne weiteres überhörbar.

Freud war der erste, der sich wissenschaftlich-psychologisch mit der ihm eigenen Intensität mit dem Phänomen des Traums befaßte. Er blieb einerseits nicht bei der Ignoranz oder den rein physiologischen Erklärungsversuchen (Leibreize) seiner Zeit und ihrer Wissenschaft stehen, noch gab er sich andererseits mit demütiger Gläubigkeit oder primitivem Aberglauben zufrieden. Das Ergebnis jahrelanger Forschungen, auch an seinen eigenen Träumen, war die Erkenntnis, daß a) der Traum einen psychologischen *Sinn* hat (etwas wesentliches über den Seelenzustand des Träumers aussagt), b) einen formalen Aufbau, eine *Struktur* mit gewissen Gesetzmäßigkeiten aufweist und c) ihm eine psychohygienische *Funktion* zukommt, wie wir heute sagen würden.

a) zum Sinn:

Der Traum ist nach Freud eine Wunscherfüllung. In und durch ihn schafft sich der Träumer die »Halluzination« einer Erfüllung derjenigen Wünsche, die im Tageserleben abgewehrt oder frustriert wurden, also oft dessen, was man bewußt nicht wahrhaben darf oder will oder was in der Wirklichkeit enttäuscht wurde. Am deutlichsten kann man dies bei den noch kaum zensierten Kinderträumen studieren. So berichtet Freud den Traum seiner eineinhalbjährigen Tochter, die nach einem ärztlich verordneten Hungertag in dem Traum »Anna F., Er(d)beer, Hochbeer, Eier(s)peis, Papp« sich das am Vortag offenbar heftig entbehrte Essen selbst serviert.

b) zur Struktur:

Je weniger die Wünsche bewußt akzeptabel sind, um so verschlüsselter und verstellter ist auch die Traumwunscherfüllung. Der Traum ist eine höchst kunstvolle psychische Schöpfung, in der sowohl Wunschinhalt wie Abwehr einen Kompromiß gebildet haben. Der Zensor verfügt nämlich über mehrere formale Möglichkeiten zur Entstellung der *latenten Traumgedanken* (der eigentlichen direkten Traummotive), durch die der *manifeste Traum* verschlüsselt und so für das traumerinnernde Wachbewußtsein in weniger beunruhigend-»anstößige« Form übergeführt wird. Diese formalen Möglichkeiten angstmindernder Traumentstellung, der *Traumarbeit* an den latenten Traumgedanken sind u. a. die Methoden der *Verdichtung*, der *Verschiebung*, der Umsetzung in Visuelles *(Symbolik)* und die *sekundäre Bearbeitung.*

Verdichtung: Einzelmerkmale verschiedener Personen von gleichsinnigem Erlebniswert können zu *einer* Traumfigur zusammenkomponiert werden, z. B. kann eine solche (unter dem gemeinsamen Nenner: übermächtige Vaterfigur) das Gesicht des Vaters, die Brille des Lehrers und die Uniform des Polizisten aufweisen. Auch Worte und Namen werden nach diesem pars-pro-toto-Prinzip neugebildet.

Verschiebung: der an einen Menschen geknüpfte Affekt kann auf eine harmlosere assoziativ verbundene Sache verschoben sein, so daß z. B. der gehaßte Vater neutral geträumt, dafür aber im Traum »verrückterweise« ein heftiger Affekt gegen seinen Schreibtisch erlebt wird.

Symbolik: abstrakte Sach- und Wortvorstellungen werden in der ursprünglicheren Bildersprache ausgedrückt, z. B. Ehescheidungsgedanken als zerbrochener Ring, verschiedene Altersstufen durch verschiedene Körpergröße: Allegorie und Metaphorik. Echte Symbole sind umfassender; die häufige Sexualsymbolik (lange spitze Gegenstände: phallische Symbole; Hohlräume: weibliche Symbole) schließt die konkrete Bedeutung des Körperteils und seiner Funktion wie auch die sublimierten, existentiellen Bedeutungsgehalte – Potenz im geistigen Sinn – ein.

Sekundäre Bearbeitung: der so nach den psychogenetisch frühen, vorrationalen Kategorien des »Primärprozesses« entstellte Traum wird überarbeitet, um dem Wachleben und somit den Gesetzen des »Sekundärprozesses« gerechter zu werden, was bei völlig absurd wirkenden Träumen nicht ganz gelungen ist.

c) zur Funktion:

Der Traum hat nicht nur einen sinnvollen Aussagegehalt über den Träumer selbst, sondern auch eine wichtige gesunderhaltende Funktion als »Hüter des Schlafes«. Da der Mensch zur Gesunderhaltung einen Mindestvollzug vitaler Grundbedürfnisse nötig hat, verschafft der Traum an Stelle realer Impulsbefriedigung wenigstens eine bildhaft-phantasierte und mildert damit die Frustration, die uns nicht ruhen ließe. Bekannt sind die Träume von Expeditionsteilnehmern, deren Entbehrungen entsprechende wunscherfüllende Traumbilder zur Folge hatten. Wir wissen heute aber auch durch experimentelle Untersuchungen der modernen Schlafforschung, daß Versuchspersonen, die künstlich am Träumen gehindert werden (durch Wecken, wenn die Hirnstromkurve den Beginn eines Traumes anzeigt), durch diese Prozedur zunehmend in seelische Spannung geraten und nervöser werden als jene, die lediglich im traumlosen Schlafstadium, aber ebensooft geweckt werden.

Alpträume freilich, aus denen wir voller Angst erwachen, stören den Schlaf eher, als ihn zu hüten. Freud meinte hierzu, ein mißlungener Versuch spräche nicht gegen die Intention – auch Flugzeuge könnten abstürzen und seien doch zum Fliegen bestimmt. Später, nach Einführung des Instanzenmodells (Kap. C, 1), meinte er, es handle sich dabei um die Wunscherfüllung einer Strafinstanz in uns, des Über-Ich. Wir könnten heute hinzufügen, daß es sich um Aufrufe des Unbewußten handelt, uns mit dem beunruhigenden Material, das uns nicht schlafen läßt, näher zu befassen, sich ihm zu stellen und es besser zu integrieren, eine Art therapeutisch-synthetische Intention des Ich.

Mit dieser Traumtheorie ist es Freud nicht nur gelungen, ein Phänomen nach Sinn, Struktur und Funktion aufzuklären. Er hat dabei grundlegende Prinzipien des Seelenlebens überhaupt und über den Traum hinausreichende Interaktionsgesetze zwischen den topographischen Schichten entdeckt. Vor allem aber ergab sich dadurch eine therapeutische Möglichkeit: Der Traum ist die »via regia« zum Unbewußten. Über diesen Weg haben wir Zugang zu jenem Bereich in uns, der nicht nur für ein umfassenderes Verständnis unserer selbst wichtig ist, sondern auch zur Behandlung von Neurosen. Dies beruht auf der Möglichkeit, die Traumarbeit weitgehend rückgängig zu machen und dadurch die latenten Traumgedanken wieder aufzudecken, was zu einer Bewußtseinserweiterung führt und abgewehrtes Erleben unserer Einsicht und Integrationsmöglichkeit zurückgibt. Technisch gehört zur methodischen Traumanalyse, wie sie in einer psychoanalytischen Behandlung durchgeführt wird, das Herstellen der *analytischen Situation* und die Methode der *freien Assoziation.* Der Analysand soll sich entspannt auf die Couch legen und wird aufgefordert, alle Einfälle, insbesondere die zum Traum und seinen Details, auszusprechen und sich dabei von dieser Einfallskette dahin tragen zu lassen, wohin sie führt. Im Unterschied zum konzentrierten zielgerichteten Wachdenken soll er sich bei diesem Einfallsdenken ganz vom Unbewußten führen lassen und vor allem die kontrollierende Abwehr des Bewußtseins dabei nach bester Möglichkeit ausschalten *(analytische Grundregel).* Erfahrungsgemäß (auf Grund ihrer determinierten Zusammenhänge) führen die »freien« Assoziationen (frei von bewußter Kontrolle, unbewußt gebunden an den Konflikt) dann in die Nähe der latenten Traumgedanken und damit zu den abgewehrten konflikthaften Inhalten. Das Liegen erleichtert durch die körperliche Entspannung und die Ausschaltung motorischer Aktivität und optischer Kontrolle diesen Vorgang und ist darüber hinaus wichtig als Hilfsmittel zur Förderung des Übertragungsgeschehens (Kap. G).

Die Interpretation oder Deutung des Traumes seitens des Analytikers baut sich vorwiegend aus dem Material der so gebrachten Einfälle auf. Man kann dabei methodisch verschiedene *Deutungsebenen* unterscheiden:

Objektstufendeutung: Das Traumgeschehen und die Traumpersonen werden als Niederschlag der subjektiven Eindrücke angesehen, die der Träumer mit seinen realen Bezugspersonen (Außenobjekte) gemacht hat.

Subjektstufendeutung: Die im Traum vorkommenden Personen und Inhalte werden als personifizierte Teilseelen des Träumers selbst aufgefaßt, z. B. als Darstellung verschiedener Wesenszüge in ihm selbst.

Übertragungsdeutung: Der Traum und sein Geschehen wird als Spiegelung oder Wunsch bezüglich der aktuellen Behandlungssituation und zugleich als Wiederholung frühkindlicher zwischenmenschlicher Erfahrungen interpretiert, die projektiv auf die aktuelle Beziehung zum Therapeuten übertragen werden.

Kategoriale Deutung: Sie achtet mehr auf die spezielle Triebkategorie, die den Traum beherrscht (oraler, analer, aggressiver, sexueller Traum usw.), den Ablauf bzw. die spezifische Störung desselben.

Symboldeutung: Sie ermöglicht gelegentlich eine direkte Übersetzung des Traumes auf Grund differenzierter Symbolkenntnis.
Diese verschiedenen Deutungsebenen schließen sich keineswegs aus, sondern ergänzen sich. Es ist mehr eine Frage des psychodynamischen Stellenwertes (manchmal auch der Schulrichtung des Therapeuten), welcher Deutungsebene zu diesem Zeitpunkt des analytischen Prozesses der Vorzug zu geben ist. Zur näheren Erläuterung therapeutisch-technischer Probleme muß jedoch auf die Literatur verwiesen werden.

3. *Die Fehlleistung – Zufall oder verkappte Sinnhandlung?*

Hat das Erleben eines Traumes mehr einen intim-geheimnisvollen Charakter, so ist die Fehlhandlung des Sichversprechens z. B. mehr ein Querschuß, der unsere bewußten verbalen Absichten boshaft durchkreuzt, die Zuhörer zum Lachen, den Betroffenen aber in eine blamable Situation bringen kann. Unter Fehlhandlungen oder -leistungen verstehen wir jene situativen Phänomene der »Psychopathologie des Alltagslebens«, die uns als unbeabsichtigtes vorübergehendes Vergessen, sich-Versprechen, Verlegen, sich-Verschreiben, sich-Vergreifen usw. unterlaufen, die uns – wie zufällig – in die Quere kommen, die aber – und deshalb schon nicht mehr zufällig – oft gerade das Gegenteil dessen, was wir »eigentlich« wollten, oder recht Peinliches, Verbergenswertes, enthüllen. So stören sie uns recht empfindlich in unserem würdevollen Wunschdenken freier Verfügbarkeit über unser Handeln, freilich meist lange nicht so prekär, wie es etwa die folgenschwersten Fehlhandlungen (z. B. unbewußt arrangierte Unfälle) oder so quälend wie ein neurotisches Symptom dauernd tun können. Es handelt sich mehr um neurotische »Symptömchen«.
Wer sich z. B. in peinlicher Weise versprochen hat, behauptet entschuldigend, unkonzentriert, da unausgeschlafen und ähnliches zu sein, meist aber beruft er sich auf das beliebteste Mädchen für alles, den Zufall. Wenn jemand »Milo von Venus« sagt, mag diese Erklärung angehen. Wie ist es aber, wenn das Versprechen etwas Sinnvolles ausdrückt, wenn man etwa bei der Begrüßung einer unsympathischen Person versehentlich »Auf Wiedersehen!« sagt? Hat sich hier nicht die latente Aggression

gegen das bewußte Bestreben konventionell geforderter Freude durch ein Hintertürchen durchgesetzt? Freud hat eine große Fülle von Analysen solcher oft anekdotenhaft wirkenden Fehlhandlungen aller Art zusammengestellt, wobei er nachweisen konnte, daß beim formalen Aufbau die bereits von der Traumarbeit bekannten Mechanismen der Verdichtung (z. B. »es ist etwas zum Vorschwein gekommen« – Vorschein + Schweinerei), der Verschiebung, der Ersetzung durch das Gegenteil, der Symbolisierung usw. eine Rolle spielen. Ihre Gemeinsamkeit aber liegt »in der Rückführbarkeit der Phänomene auf unvollkommen unterdrücktes psychisches Material, das, vom Bewußtsein abgedrängt, noch nicht jeder Fähigkeit, sich zu äußern, beraubt worden ist«.

Entlarvende Fehlhandlungen werden meist bestritten, verleugnet, bagatellisiert oder mit heftigem Affekt und Ärger beantwortet. Dieser *Widerstand* gegen die Aufdeckung unbewußter Motive – der auch in der Therapie eine große Rolle spielt (Kap. G) – hängt mit der Wiederkehr der Angst zusammen, die seinerzeit zur Abwehr dieser Motive (z. B. aggressiver Protest) veranlaßt hatte.

Die Analyse der Fehlhandlungen hat Freud davon überzeugt, daß im allgemeinen die Quantität der *kausalen Determinierung* im Seelenleben weit unterschätzt, die entlastende Hilfsvorstellung des Zufalls und des Schicksals dagegen oft und gern herangezogen wird. Vieles, was eigentlich in uns motiviert ist, erleben wir ja als bedeutungslos oder schicksalhaft-zufällig nur deshalb, weil bewußte Einsicht in die Eigenmotivation schwer erträglich wäre. Aber auch umgekehrt: in viele äußere Geschehnisse interpretieren wir wahnhaft eigene unbewußte Motive als Vorbedeutungen kommender Dinge hinein und werden damit – abergläubisch.

Das Studium des Traums und der Fehlhandlungen ergaben wichtige Übereinstimmungen: Hier wie dort spielen die gleichen formalen Mechanismen die entscheidende Rolle, hier wie dort haben wir die Phänomene sinnvoll verstehen gelernt durch die Annahme eines Unbewußten, dessen Motive in Interferenz mit unserem Bewußtsein treten, ein Konflikt, den der Traum mit reicheren Mitteln lösen kann als die meist einfacher strukturierten Fehlleistungen. Wie wir später sehen werden, haben das topographische Modell und die geschilderten Mechanismen die Grundlage zum Verständnis der Symptombildung und der Neurose gebildet.

4. Gesetze und Inhalte des Unbewußten

Neben den Phänomenen des Traumes und der Fehlhandlungen ließen sich noch mehr psychische Fakten anführen, die ohne die Annahme eines Unbewußten nicht hinreichend verstanden werden können. Schon zu Freuds Zeiten – und seinerzeit als einzige therapeutische Möglichkeit bei neurotischen Zuständen – hat die *Hypnose* gezeigt, wie Einflüsse, die direkt auf das Unbewußte wirken, sich im bewußten Wacherleben durchsetzen, z. B. beim »späthypnotischen Auftrag«: Aufträge, die während des hypnotischen Zustands erteilt wurden (»Verlassen Sie morgen Punkt neun Uhr die Opernvorstellung!«), werden nicht mehr erinnert, aber prompt durchgeführt, wofür auf Frage rationalisierende Scheinbegründungen (»es war plötzlich so heiß«) gegeben werden. In neuester Zeit haben bestimmte Drogen (z. B. LSD) die Möglichkeit erweitert, bei erhaltenem Wachbewußtsein unbewußte Inhalte in unmittelbarem Evidenzerleben zugänglicher zu machen, wobei durch Befragung früherer Bezugspersonen nachgewiesen werden konnte, daß die auftauchenden Halluzinationen nicht unspezifisch sein müssen, sondern Früherlebtes mit großer Detailpräzision wiedergeben können. Dies ist kaum erklärbar ohne die Annahme eines Unbewußten, in dem Eindrücke aus der Frühkindheit aufbewahrt und gespeichert sind, die unter normalen Umständen weder vorbewußt noch bewußt werden. Darüber hinaus ist jedem, der über längere Zeit als Analytiker oder Analysand Erfahrungen sammeln konnte, die Realität des Unbewußten erlebnisevident, während die Verhaltenstherapie, die ihr Symptomverständnis lediglich auf Lernvorgänge aufzubauen versucht, von der Existenz des Unbewußten absieht bzw. sie leugnet.
Zusammenfassend können wir über die Dimension des Unbewußten folgendes aussagen:

a) *Gesetze* des Unbewußten:

Das Unbewußte kennt (noch) keine Widersprüche, keine Logik, keinen Zeitbegriff. Wie im Traum können Gegensätze und logisch also nach dem Prinzip der Wirklichkeit *(Realitätsprinzip)* sich Ausschließendes gleichzeitig nebeneinander bestehen. Freud hat gezeigt, wie dies im »Gegensinn der Urworte« noch sprachlich erhalten ist: So bedeutet z. B. »altus« zugleich hoch und tief, »sacer« bedeutet heilig und verrucht. Im Unbewußten herrscht quasi Zeitlosigkeit; es ist noch erhaben über die einengenden und zugleich differenzierenden Dimensionen der Vergangenheit und der Zukunft. Anthropomorph gesprochen ist es daher zugleich infantil und uralt-weise, je nach Blickwinkel.

Das Unbewußte unterliegt also noch nicht dem Realitätsprinzip, jenem Prinzip des bedachten Bezugs zur uns umgebenden Wirklichkeit, der zur Anpassungsfähigkeit existenznotwendig gehört, aber erst mühsam erworben und eingeübt werden muß. Es steht noch unter der Herrschaft des *Lustprinzips*, das – ohne Rücksicht für das Objekt und das Subjekt – in ungehemmter vital-primitiver Direktheit Triebentladung und Wunscherfüllung sucht (Primärvorgang, Primärprozeß). Im Unbewußten ist noch kein Verzicht auf unmittelbare Bedürfnisbefriedigung, noch kein Umweg über Denken und gesteuertes Handeln möglich. Diese Errungenschaften (Sekundärvorgang, Sekundärprozeß) muß das Kind angesichts von Erfahrungen allmählich erlernen, wobei es zunehmend vom Realitätsprinzip bestimmt wird und zugleich die hierzu notwendigen Ich-Funktionen einübt.

b) *Inhalte* des Unbewußten:

Das Unbewußte ist der direkten Beobachtung nicht zugänglich; es kann nur erschlossen werden. Diese Eigenschaft teilt es mit den Trieben, die man ja ebenfalls nicht unmittelbar »sehen« kann, die wir jedoch als hinter ihren Äußerungsformen, den *Triebrepräsentanzen*, vorhanden postulieren müssen. Triebe und Triebrepräsentanzen sind Inhalte des Unbewußten, triebbegleitende Affekte und Phantasien, aber auch Vorstellungen der triebwunscherfüllenden und -versagenden Objekte mit den zugehörigen Empfindungen, die sich aus den Erinnerungsspuren

(Ding-, Sach- und Wortvorstellungen) bilden, mit denen die Triebrepräsentanzen verknüpft sind.

Im Unbewußten sind, so müssen wir annehmen, aber auch alle Erlebnisse der persönlichen Vergangenheit, die emotional bedeutsam waren, in der erlebten Subjektivität aufgespeichert, vor allem die prägenden Eindrücke der Früherfahrungen aus der Kindheit. Neben diesem (ontogenetischen) *Persönlich-Unbewußten* sprach Freud darüber hinaus auch von phylogenetischen Inhalten, von der »archaischen Erbschaft«. C. G. Jung schuf den Begriff des *kollektiven Unbewußten.* In ihm haben sich die wichtigsten Erfahrungen der menschlichen Rasse als eine Art instinktiven Wissens niedergeschlagen, das mitgegeben erscheint, z. B. in der Art von Symbolen archetypischen Inhalts (Kap. I).

Der *psychopathologisch bedeutsamste* Teil des Unbewußten ist jedoch der Bereich des *Verdrängt-Unbewußten,* also jene Inhalte, die in irgendeiner Lebensphase ins Bewußtsein vordringen wollten bzw. vordrangen, jedoch abgewehrt und ins Unbewußte verdrängt wurden, durch den »Zensor« (in der späteren Nomenklatur: durch die Abwehrmechanismen des Ich). Dieser Teilbereich des gesamten Unbewußten ist für das Entstehen neurotischer Phänomene verantwortlich zu machen, da durch dessen dynamische Tendenz zum Durchbruch ins Bewußtsein chronische Konflikte entstehen, deren Abwehr die Neurose dienen soll.

x die Entwicklg des Indiv. betreffend

x Stammesgeschichte betreffend

B. Der dynamische Aspekt

1. Was treibt den Menschen?

Der Mensch ist ein dynamisches Wesen: Er verändert und entwickelt sich, handelt und ist in motorischer, emotionaler und geistiger Bewegung. Jede Bewegung hat dynamische Anlässe, *Motive* (movere = bewegen). Welche Ur-Motive treiben den Menschen?

Motivationsforschung ist ein wesentliches Kapitel jeder praxisbezogenen Psychologie. Kennen wir z. B. die Motive des subjektiv verschiedenen Erlebens einer objektiv gleichen Situation und das resultierende unterschiedliche Handeln zweier Menschen, so verstehen wir sie besser und können ihnen sachlicher begegnen, während Nichtverstehen befremdet und Angst, Mißtrauen und Aggression auszulösen pflegt. Und je besser wir uns selbst kennen, um so realistischer, aber auch toleranter werden wir uns selbst erleben können.

Über die Urmotive, die den Menschen treiben, haben jedes philosophische System und manche Religion seit alters her ihre Meinungen kundgetan. Die dabei postulierten Urmotive waren meist freilich schon recht komplexe Gebilde, oft mehr aus Wunsch- und Solldenken und vom Erwachsenen her konzipiert als aus beobachtbaren Fakten gewonnen. Leichter hatte es da die Verhaltensforschung am Tier, die *Ethologie*, die sich – weniger sichtbeengt vom narzißtischen Tabu der Sonderstellung des Menschen in der Natur, experimentell kaum einer ethischen Grenze mit ihren »Versuchskaninchen« unterworfen, allerdings stets in Gefahr voreiliger Analogieschlüsse auf den Menschen – unbekümmerter an Erforschung und Nachweis von Grundmotiven machen konnte. Die Instinktforschung führte zur Entdekkung vererbter Verhaltensweisen mit angeborenem Reifungsprogramm, das einmal auf endogen-spontanem Triebgeschehen beruht, andererseits reaktiv in oft sehr kompliziertem Reflexaufbau auf äußere Reize (z. B. Schlüsselreize) hin abläuft. Es muß jedoch angenommen werden, daß der Mensch bei Geburt im Vergleich zum Tierkind durch angeborene Verhaltensweisen viel weniger zweckmäßig abgesichert, aber damit zugleich nicht so artspezifisch starr eingeengt ist; er ist ein »offenes System« und damit aber auch ein durch Umwelteinflüsse störbareres Lernwesen. Die Skala der wissenschaftlichen Modellvorstellungen in diesem alten Anlage-Umwelt-Problem reicht freilich weit: von der besonderen Betonung biologisch begründeter und angeborener Verhaltensweisen des Menschen (Lorenz, Eibl-Eibesfeldt u. a.) bis hin zur extremen Milieutheorie mancher Psychologen, nach der nahezu alles Erleben und Verhalten des Menschen soziokulturell bedingt und somit erworben ist. Auch die Frage, ob es so etwas wie den »Trieb« überhaupt gibt, ist noch nicht eindeutig entschieden. Für Systemkombinationen gibt es hier eine Fülle von Möglichkeiten; viele Motivationsmodelle sind in Medizin, Biologie, Psychologie und Ethologie begründet und wieder in Frage gestellt worden.

Das Freudsche Motivationsmodell geht von endogenen Trieben aus, wobei der Trieb ein psycho-somatischer Grundbegriff (Leib-Seele-Einheit) ist: Wir können Triebäußerungen, z. B. den Hunger, einerseits *physiologisch* untersuchen (Stoffwechselvorgänge, biochemische Reizvermittlung über nervöse Substanzen usw.), wir können sie aber auch vom *psychologischen* Aspekt her studieren: Hunger in seiner Differenzierung in Appetit, Gier, Heißhunger usw. als erlebnismäßige Qualität. Die klassische Psychoanalyse unterscheidet am Trieb

a) die (somatisch-biologisch-physiologische) Trieb*quelle* als Erregungsursprung,
b) die *psychische Repräsentanz* des Triebes (dranghafter Charakter, Vorstellungs- und Affektrepräsentanzen),
c) das Trieb*ziel* als eigentlicher Form der Erregungssättigung,
d) das Trieb*objekt,* an oder durch welches das Triebziel erreicht wird (Erfolgsorgan). Dieses ist nach Freud der variabelste Faktor; es kann gewechselt werden und auch ein Teil des eigenen Körpers sein.

Freuds Triebbegriff ist also ein psychologischer, der jedoch nie das biologische Fundament außer acht läßt.

Ursprünglich entwickelte Freud ein *dualistisches erstes Motivationsmodell:* Frei nach Schillers vorwissenschaftlicher Formulierung, daß Hunger und Liebe das Weltgetriebe in Gang hielten, ging er von zwei biologischen Grundtendenzen aus: Selbsterhaltung *(Ich-Triebe)* und Arterhaltung (Sexualtrieb, *Libido*). Schon dieses Modell gab ihm (in Kombination mit dem topographischen Modell) die Möglichkeit, viele neurotische Erscheinungen vorläufig zu erklären als Konflikt dieser beiden »Urtriebe«, wobei der (wichtigere, unaufschiebbare) Selbsterhaltungstrieb sich gegen den Sexualtrieb durchsetze, ihn abwehrt und damit Erleben und Verhalten wieder ichgerecht im Sinne der Selbsterhaltung zu machen versucht. Mißlingt dies, so entsteht – als Kompromißbildung – das neurotische Symptom, z. B. ein hysterischer Anfall, eine Zwangshandlung oder eine Phobie. Freuds Interesse wandte sich nun insbesondere der näheren Erforschung des Sexualtriebes und deren Triebkraft, der Libido, zu, wobei er zu revolutionären (und heftig bekämpften) Entdeckungen und Interpretationen kam, die unter dem Begriff der *Libidotheorie* zusammengefaßt sind.

2. *Die Libidotheorie*

In seinem Werk *Drei Abhandlungen zur Sexualtheorie* (1905) teilte Freud die systematisierten Ergebnisse seiner Untersuchungen mit. Er geht dabei aus von der Klinik der Perversionen, also von der Sexualpathologie, und unterscheidet Abweichungen hinsichtlich des Sexual*objekts* (z. B. Homosexualität) von denen hinsichtlich des Sexual*zieles* (z. B. Sadomasochismus). Freud hatte aber nun an seinen analysierten Patienten beobachtet, daß »perverse« Strebungen sich im Unbewußten, z. B. in Träumen, bei jedem und nicht nur bei den manifest Perversen nachweisen ließen. Zugleich lehrte unvoreingenommene Beobachtung, daß alle Kinder Stadien durchlaufen, in denen sie mit deutlicher Lust Handlungen vollziehen, die (im erweiterten Sinn) sexuellen Charakter tragen und die wir beim Erwachsenen als sexuellpervers bezeichnen würden. Daraus und aus weiteren Fakten ergaben sich für Freud u. a. vier Thesen:

a) Es gibt eine kindliche, eine *infantile Sexualität*, m. a. W. die Sexualität erwacht nicht erst in der Pubertät.

d) Die Sexualität *entwickelt* sich über bestimmte frühkindliche *Phasen*, deren Fixierung beim Erwachsenen die Grundlage (manifester oder latenter) Perversionen abgibt (Lehre vom »polymorph-perversen« Kind).

c) Die Sexualentwicklung hat einen *»zweizeitigen Ansatz«* mit einer dazwischenliegenden *Latenzperiode*.

d) Der Mensch ist *bisexuell* angelegt, daher ist die Entwicklung zur endgültigen Geschlechtsrolle im psychischen Sinn (Psychosexualität) störbar.

Ad a) und b): Zum Verständnis dieser beiden Thesen muß ausdrücklich darauf hingewiesen werden, daß Freud den Begriff Sexualität nicht in dem engen Sinn rein genitalen Vollzugs versteht, sondern alles einbezieht, was mit sinnlich-körperlicher Wollust und dranghafter Begierde, mit »Lust und Liebe« geschieht. Sexuell in diesem Sinn ist für Freud z. B. das Lutschen des Kindes, die Lust an den Ausscheidungsvorgängen, die drängende Zärtlichkeit eines fünfjährigen Mädchens usw. Genitale Sexualität (autoerotisch oder partnerbezogen) ist daher eine Untergruppe dieses erweiterten Sexualitätsbegriffes, der insofern auch dem allgemeinen Empfinden nicht so fern liegt, als ein leidenschaftlich-sinnlicher Kuß, also eine »orale« Handlung, durchaus als »sexuell« interpretiert wird.

Beim Kind konnte Freud nun phasenspezifische *Partialtriebe* der Libido erkennen, die jeweils an ein bestimmtes Organ (Triebquelle), die *»erogene Zone«*, gekoppelt sind. Die Libido fließt in der frühkindlichen Entwicklung regelhaft von einer Befriedigungsform (Triebziel) zur höheren und von Objekt zu Objekt. In der *oralen Phase* ist die Mundschleimhaut die erogene Zone (Kinder saugen und lutschen an allen Gegenständen und nehmen sie dazu in den Mund, ohne lediglich aus Hunger dazu getrieben zu werden). Die Afterschleimhaut als erogene Zone der *analen Phase* vermittelt spezifische Lustgefühle bei der Exkretion, aber auch bei der Retention des Kotes. In der *phallischen Phase* werden Penis bzw. Klitoris zur eigentlichen Lustquelle (kindliche Onanie). Dementsprechend können wir z. B. von oralen oder analen Partialtrieben sprechen. Unabhängiger von erogenen Zonen sind die Partialtriebe der Schau- und Zeigelust und der »Grausamkeit« (sadistische Aggression), wobei mehr das Sexualobjekt die Hauptrolle spielt. Stets bleiben beim progressiven Durchlaufen dieser Libidoentwicklungs-Phasen Objektbesetzungen teilweise erhalten. Sind diese »Fixierungsstellen« sehr ausgeprägt, so kann eine solche zum Ansatz einer (späteren) manifesten Perversion werden, d. h. die sexuelle Erregungs- und Befriedigungsmöglichkeit bleibt mehr oder weniger an diesen Partialtrieb gebunden, der Erwachsene »regrediert« auf diese alte Libidoposition, woraus sich die entsprechende perverse Sexualhandlung ergibt. Werden letztere jedoch abgewehrt, so führen die regressiven Partialtrieb-Strebungen zu Psychoneurosen, wo sie dann in den Träumen und Symptomen nachweisbar sind. Daher prägte Freud das (im phototechnischen Sinn gemeinte) Wort: »Die Neurose ist das Negativ der Perversion.« Normalerweise jedoch werden die Partialtriebe in der Pubertät »unter den Primat der Genitalzone« gestellt; sie vereinigen sich im Wunsch nach dem heterosexuellen genitalen Vollzug.

Daraus ergab sich einmal, daß eine Perversion nicht einfach angeboren oder konstitutionelle Degeneration sein muß, sondern eine seelische Entwicklungsstörung sein kann, die psychogenetisch erklär- und verstehbar ist. Der Perversionsbegriff wurde dadurch aus dem Dunkel eines moralisch getönten Defekts in eine sachlich richtigere Ebene erhoben. Zugleich eröffnete dies dem betroffenen Kranken Heilungsmöglichkeiten. Zum zweiten aber korrigierte Freud die viktorianische Sexualauffassung vom asexuell-»unschuldigen« Kind: Sexualität beginnt vom ersten Lebenstag an, entwickelt sich in ihren Äußerungsformen und Erlebnisweisen über regelhafte Phasen (Phasenlehre) und ist als Entwicklung störbar. Ein Ergebnis der Störung sind die Psychoneurosen, ein anderes (deren »Positiv«) die Perversionen.

Ad c): Nach Abschluß der phallischen Phase (etwa 5./6. Lebensjahr) setzt normalerweise die Latenzperiode ein, in der die Libidoentwicklung ruht. Erst unter dem hormonalen Schub in der Pubertät flammt sie im zweiten Ansatz wieder auf und führt nun zur genitalen (und biologischen) Reife.

Ad d): Bereits die körperliche Entwicklung weist auf Bisexuelles hin: Auch der Mann hat (rudimentäre) Brustwarzen, die Frau in der Klitoris eine Art Penisrudiment. Zwar ist das Geschlecht bei der Zeugung bereits biologisch in den Chromosomen festgelegt, jedoch ist in den ersten Wochen am Foetus optisch noch nicht erkennbar, welches Geschlecht sich morphologisch herausdifferenziert: Foeten beiderlei Geschlechts haben z. B. einen Ansatz zur Ausbildung eines Phallus. Auch im *psycho*-sexuellen

Bereich trägt jeder Mensch Möglichkeiten beider Geschlechter in sich, die jedoch in ihrer Weiterentwicklung abhängig von Erlebnisfaktoren sind, so daß – bei entsprechenden prägenden Erfahrungen und deren Verarbeitung – jemand anatomisch eindeutig ein Mann sein kann, aber psychisch vorwiegend »weiblich« erlebt (und z. B. im passiven Analverkehr auch eine quasi weibliche Befriedigungsform sucht). Während die Anatomie nach Freud das unbeeinflußbare Schicksal ist, ist die psychosexuelle Entwicklung umweltsabhängig.

Libido (lat.: Drang, Begierde) ist zunächst ein biologischer Begriff, mit welchem die Kraft benannt wird, die wir dem Sexualtrieb zuschreiben müssen, »sexuelle Energie«. Freud hoffte, diese Kraft werde dereinst als chemische Substanz quantitativ meßbar sein (ein Vorgriff auf die Hormonforschung). Sie hat jedoch ihren psychologischen Aspekt: Liebe, Begehren, Eifersucht, aber auch sublimere Erlebnisweisen wie erotische Faszination, zärtliche Sehnsucht usw. sind psychosexuell-libidinöse Triebrepräsentanzen.

Die Libidotheorie besagt nun weiter, daß Verhalten und Erleben des Menschen von Geburt an entscheidend durch die Kraft der Libido motiviert wird. Um nicht das Mißverständnis des »Pansexualismus«, der Freud unterschoben wurde, zu wiederholen, muß nochmals an die erwähnte Begriffserweiterung der Sexualität, aber auch daran erinnert werden, daß Freud nie andere Motive (z. B. Selbsterhaltungstriebe, später die Instanzen Ich und Über-Ich usw.) übersehen hat. Bei der Geburt ist der Mensch mit einem bestimmten Libido-Reservoir ausgestattet: Ich-Libido oder *narzißtische Libido*. Sie betätigt sich zunächst autoerotisch (sich selbst liebend), besetzt das eigene Ich (das zunächst ein Körper-Ich ist) und nimmt es zum Liebesobjekt *(primärer Narzißmus)*. Es ist ja ganz normal, daß der Säugling – von der Erwachsenenperspektive her gesehen – zunächst rücksichtslos egoistisch ist und nur an sich und sein Wohlergehen »denkt«. Bevor er andere lieben kann, muß er dieses Frühstadium der Selbstliebe und des bedingungslos Geliebtwerdens ausreichend gesättigt durchlaufen haben.

Schon in den ersten Monaten geschieht jedoch eine Verwandlung dieser narzißtischen Libido in die *Objekt-Libido*, d. h. der Säugling beginnt allmählich die Außenwelt und deren Objekte (Mutter bzw. ihre Brust) »mit Libido zu besetzen«, also sich in Anlehnung an eine der lebenswichtigen Körperfunktionen (Nahrungssuche) mit Lust und Liebe und höchst intensiver dranghafter Neugierde der Umwelt zuzuwenden und dabei das ausschließliche Interesse an sich zunehmend zu verlassen. Theoretisch ausgedrückt meint Besetzung: Objekt-Repräsentanzen werden mit einem Betrag an psychischer Energie aufgeladen, wodurch das Objekt, psychologisch gesehen, interessant und begehrenswert wird. Die zunehmende pseudopodienhafte Besetzung der Umwelt durch Umwandlung narzißtischer in Objekt-Libido führt allmählich zur Entstehung der ersten Objektbeziehung, der zur Mutter (Kap. D, 3). Im Zuge dieses Welteroberungsdranges entwickeln sich wichtige Grundlagenfunktionen wie Wahrnehmung, Gedächtnis, später Sprechen- und Laufenlernen usw., die also eng mit den Phasen der Libidoentwicklung verknüpft sind. Die dabei gemachten Erfahrungen können – je nach dem fördernden oder hemmenden Verhalten der Umgebung – sehr verschieden sein (Triebschicksale), bestimmen aber im weiteren, als früheste prägende Ersterfahrungen, die Grundstimmungen des Erlebens und die Entfaltung oder Hemmung der sich entwickelnden triebhaften und nichttriebhaften Funktionen.

Treten z. B. stärkere Versagungen oder massive angstauslösende (traumatische) Unlustreize der libidinösen Entwicklung hindernd in den Weg, so kann es sekundär zur Zurücknahme der Libido, zum Rückzug auf sich selbst kommen *(sekundärer Narzißmus)*, der dann pathologischen Charakter hat. So kann z. B. ein Kleinkind in massiv als abweisend erlebter Umwelt sich ganz auf sich zurückziehen, früh autistisch vereinsamen und an Stelle des gestörten Kontakts sekundär-narzißtische Phantasien entwickeln.

Kritisch kann zur Libidolehre gesagt werden, daß sie bei aller Großartigkeit in ihrer physikalisch-mechanistischen Terminologie auf den (nicht per se modellgläubigen) Anfänger, dem die zugrunde liegenden Fakten noch ungenügend vertraut sind, befremdend wirkt und auch gehobeneren Ansprüchen nach phänomenologischer Präzision nicht ganz gerecht wird. So ist z. B. der Ausdruck »polymorph-perverses Kind« inhaltlich zwar richtig, aber begrifflich insofern schief, als er normales kindliches Verhalten assoziativ mit einer der Erwachsenen-Pathologie entnommenen Bezeichnung tönt. Viele Mißverständnisse und manche affektive Polemik, denen Freud (bis heute) ausgesetzt ist, hängen auch mit der historisch begründeten Nomenklatur zusammen, gewiß nicht alle und nicht die entscheidenden. Der gewichtigere Teil der affektiven Abwehr beruht auf der Kränkung, die die Psychoanalyse einem idealisierten Menschenbild zufügte, eine Kränkung, die Freud selbst mit der kopernikanischen und darwinistischen Kränkung der Menschheit verglich. Nachträgliche Änderungen einer gewachsenen Kunstsprache beinhalten freilich – besonders in der Tiefenpsychologie – leicht die Gefahr, dabei unbemerkt auch sachlich richtige, aber unangenehme Inhalte über Bord zu werfen.

Der Begriff des primären Narzißmus ist heutzutage auch innerhalb der Psychoanalyse umstritten. Die Bedeutungserweiterung des Begriffes Sexualität ist eine sich zwar aus manchen Fakten aufdrängende terminologische Möglichkeit, aber zur Erklärung dieser Fakten nicht zwingend notwendig. So hat Schultz-Hencke z. B. in seiner Lehre von den Antriebserlebnissen die qualitative Eigenständigkeit der phasenspezifischen Antriebserlebnisse betont. Die ebenfalls autochthone Sexualität kann dann jedoch z. B. oral oder anal getönt sein, etwa eine sehr besitzergreifende Sexualität. Die Vorstellung einer vorwärts fließenden Libido bzw. ihres regressiven Rückflusses erscheint ihm zu biologisch-spekulativ und unpsychologisch, wie auch manch andere »metapsychologischen« Modellvorstellungen der klassischen Psychoanalyse. Über die verschiedenen theoretischen und terminologischen Folgerungen läßt sich streiten; entscheidend ist, daß die fundamentalen Freudschen Erkenntnisse z. B. über die Frühentwicklung des Kindes und deren Relevanz für die Neurosengenese nicht aufgegeben oder unbemerkt inhaltlich verwässert werden.

Steht das erste Motivationsmodell Freuds noch ganz unter dualistischem Aspekt, so zwang ihn das Studium der klinischen Phänomene des Narzißmus zu einer Revision, denn in diesen Phänomenen fallen libidinöses Streben und die Tendenzen der Ich-Triebe zusammen. So kreist z. B. der Hypochonder in der gesteigerten Selbstfürsorge des unaufhörlichen Beobachtens des Eigenbefindens ständig um sich selbst, der Psychotiker baut sich eine narzißtische Wahnwelt auf: Gerade das eigene Ich ist es, das geliebt wird. Freud schien es nun, die Theorie an den Phänomenen korrigierend, richtiger, von einer Ur-Libido zu sprechen, die sich einmal mehr in Form der Ich-Triebe und einmal mehr in der der Sexualtriebe äußert, also ein Triebmodell angenähert *monistischer* Tendenz (und Nähe zu C. G. Jung).

Später, etwa ab 1920, durch das Studium des Sadomasochismus und historisch sicherlich mitbeeinflußt durch die die ganze bürgerliche Welt schockierende Entfesselung aggressiv-destruktiver Kräfte im ersten Weltkrieg, hat Freud ein letztes *dualistisches* Triebmodell entwickelt, das er freilich selbst als philosophische Spekulation bezeichnet hat. Er unterscheidet jetzt zwischen dem *Lebenstrieb* (Eros, Libido) und dem *Todestrieb* (Aggression, Destrudo). In seiner Arbeit *Jenseits des Lustprinzips* bemüht sich Freud darzulegen, wie alles Leben die immanente Tendenz zeigt, zum (anorganischen) Urzustand zurückzukehren, damit zum Tode. Dieser unsichtbare Todestrieb bedient sich der (destruktiven) Aggression. Normalerweise jedoch gehen Lebens- und Todestrieb eine *Vermischung* ein. So gehört z. B. zu einer gesunden sexuellen Beziehung auch eine aggressive Beimischung, um den Partner zu »erobern«. In pathologischen Fällen kann es jedoch, z. B. durch Regression, zur *Entmischung* kommen, also zur Aggression ohne libidinöse Beimischung, zur puren destruktiven Aggression.

Diese Todestriebhypothese haben viele sonst orthodoxe Freudianer nicht mitvollziehen können. Die meisten Analytiker sind der Meinung, daß man destruktive Phänomene als Reaktion auf Versagungen und Fixierung an psychogenetische Einflüsse der Peristase nahezu vollständig erklären kann. Das Ziel der Aggression dürfte wohl nicht der Tod und die ewige Ruhe sein, vielmehr scheint sie mehr dem Prinzip der Vereinzelung, Verselbständigung und Individualisierung zu dienen (Riemann). Der Versuch einer Differenzierung des Sammelbegriffs Aggression zeigt, daß die einseitige Gleichsetzung aggressiv = destruktiv leicht dazu verführt, den konstruktiven Gehalt der Aggression zu übersehen (Elhardt).

• auf Entwicklg einwirkende Umwelt

C. Der strukturelle Aspekt

1. Mehrere Seelen in unserer Brust

Viele in sich sehr differenzierte normpsychologische Systeme über den Aufbau der Person eignen sich zwar zur deskriptiven Beschreibung seelischer Befindlichkeiten und bestechen, wie z. B. die Werke von Lersch, durch ihr hohes literarisches Niveau, erweisen sich aber als wenig ergiebig bei psychopathologischen Phänomenen von klinischer Bedeutung. Zwar sind solche Modelle durch den Schichtungsgedanken auch in der Tiefe gegliedert. Freuds Modell ist aber deswegen das zum Verständnis klinisch-psychologischer Probleme überlegene, als es einmal vom psychodynamischen Aspekt ausgeht und dadurch das Grundgeschehen des Konflikts im Auge hat, weiterhin aber nicht beim topologischen Konflikt (zwischen verschiedenen Schichten) oder dem zwischen verschiedenen Triebgruppen stehen blieb, sondern einen strukturellen Aspekt einführte. Sein erstes Strukturmodell (bewußt – vorbewußt – unbewußt) ist noch mehr vom Schichtungsgedanken getragen, aber bereits hier spricht Freud von der Instanz eines Zensors, der in den Schichtenkonflikt »aktiv-handelnd« eingreift.

Diesen Gedanken einer individuell-historisch gewachsenen Instanz intrapsychischer Art hat Freud in seiner Arbeit *Das Ich und das Es* (1923) zu seinem zweiten Strukturmodell, dem *Instanzenmodell*, ausgebaut, das der Tatsache besser Rechnung trägt, daß im Menschen mehrere »Seelen« sind, die sich nicht nur statisch durchdringen, sondern in dynamische intrapsychische Interaktion miteinander treten. Freud nannte diese Instanzen das Es, das Ich und das Über-Ich.

a) Das Es

Das Es (von Groddeck nach der sprachlichen Unterscheidung zwischen dem unpersönlichen »es treibt mich« gegenüber dem personalen »ich will etwas« begrifflich gebraucht) ist nach Freud das »Reservoir« der primitiven Motive und Triebe, vor allem der sexuellen und aggressiven Kräfte. Es hängt eng mit dem somatisch-biologischen Bereich zusammen und enthält auch die erblichen Dispositionen. Es ist das eigentliche Kräftepotential. Im topologischen Modell entspricht es einem Teilbereich des Unbewußten; auch das Es steht – als ältester psychischer Bereich – unter der Herrschaft des Lustprinzips, will sofortige und vollständige Triebbefriedigung ohne Rücksicht auf Objekt, Realitätskontext und Folgen für die Eigenperson. Es kennt keine Vergangenheit und Zukunft, keine Logik und Kausalität, keine Beständigkeit und Moral. Es ist unbelehrbar und unausrottbar, aber in ihm leben die dynamischen Urkräfte, aus denen heraus unser Leben energetisch gespeist wird, aber auch alle die Inhalte, die bereits einmal vorbewußt oder bewußt waren, aber verdrängt wurden.

b) Das Ich

Das Ich hingegen (als Instanzenbegriff, der wohlweislich vom umfassenderen Ich des allgemeinen Sprachgebrauchs unterschieden werden muß!) ist diejenige höchst differenzierte Instanz, die den Kontakt zur Realität herstellt und garantiert. Insofern hängt es eng mit der Selbsterhaltung (im Sinne realitätsgerechter Steuerung des Es) zusammen. Es arbeitet nach dem Realitätsprinzip und ist insofern das eigentliche Anpassungsorgan des Menschen. Zu diesem Zweck stehen ihm die »Apparaturen« der Wahrnehmung, des Gedächtnisses sowie der Kontrolle über die Motorik zur Verfügung. Wahrnehmen, Unterscheiden, Erinnern, Denken, Steuerung der Triebe und ihrer Auswirkung sind daher *Ich-Funktionen*. Das Ich ist das denkende, planende, vorausschauende System. Es kann im Kontext mit den bisherigen Eigenerfahrungen und der (subjektiv so erlebten) Wirklichkeit die Befriedigungen abschätzen, ihre möglichen Gefahren erkennen, die Triebauswirkungen zeitlich ordnen, aufschieben und so eine optimale Anpassung erzielen. Als eigentliches Selbsterhaltungsorgan ersetzt es gewissermaßen die dem Menschen fehlende Instinktsicherheit des Tieres, ist aber durch seine Anpassungsfähigkeit elastischer als die relativ starre Instinktwelt.
Eine wichtige Möglichkeit des Ich ist seine Fähigkeit zur Angst-

entwicklung: Das Ich ist die eigentliche »Angststätte«. Durch seine Funktionen wird es, z. B. gegenüber dem ungestüm-blinden Anspruch des Es, zur Angstentwicklung aufgerufen, die (ähnlich wie die Schmerzentwicklung im Körper) schützende Gegenmaßnahmen mobilisieren kann, die Entwicklung der sog. *Abwehrmechanismen*. Diese sollen Impulse, die vom Es (und vom Über-Ich) ausgehen, ungefährlicher machen, z. B. durch Gegenbesetzung, Verdrängung, Sublimierung usw. Dem Ich kommt insofern eine wichtige *synthetische Funktion* (Nunberg) zu, als es die Vermittlerrolle zwischen den Ansprüchen des Es, des Über-Ich und der umgebenden Realität übernimmt.

c) Das Über-Ich

Das Über-Ich ist das System der von den frühen Bezugspersonen, von der Familie und der weiteren Sozietät übernommenen »einverseelten« Motive. Genetisch betrachtet ist es das jüngste System. Während man heute eine undifferenzierte Es-Ich-Matrix als angeboren annimmt, entwickelt sich das Über-Ich erst im Laufe der ersten Lebensjahre. Es enthält die normativen und ethisch-moralischen Motive der Verbote und Gebote, die teils aus den Erfahrungen des Ich in seinen Konflikten, teils aus Übernahme (Identifikation) mit den Wertnormen der Eltern und der soziokulturellen Umwelt stammen.

Dabei können wir zwei Substrukturen unterscheiden: Das *Über-Ich im engeren Sinn* enthält mehr die einschränkenden, verbietenden, verfolgenden, strafenden Motive, genetisch gekoppelt an den gefürchteten Elternaspekt, in ihrer Strenge aber oft auch reaktiv determiniert vom Es und seiner Triebstärke und nicht nur von der faktischen Strenge der Eltern. Charakteristisch ist, daß es in seinen Strafimpulsen nicht zwischen Wunsch, Gedanke und Tat unterscheidet und dem primitiven Gesetz der Wiedervergeltung (Taliongesetz: Auge um Auge, Zahn um Zahn) gehorcht.

Das *Ich-Ideal* dagegen enthält mehr die positiv getönten Leitbilder im Sinne des Vorbildes (»so möchte ich sein«), genetisch mehr gekoppelt an die bewunderten und geliebten Elternaspekte.

Freud hat das Über-Ich mit dem Gewissen gleichgesetzt. Wir

würden es lieber als die vorpersonale Grundlage dessen ansehen, was sich später (und in bewußter Eigenentscheidung eventuell gerade im Gegensatz zu den Forderungen des Über-Ich) als personales Gewissen entwickelt.

In einem bildhaften Vergleich, der freilich das Gemeinte nicht völlig trifft, könnten wir das Kräftespiel dieser Instanzen in einem ersten Verständnis mit dem zwischen Pferd (Es), Reiter (Ich) und Reitlehrer (Über-Ich) verdeutlichen.

Freud hat ursprünglich das Es als »ein Chaos«, als »einen Kessel voll brodelnder Erregungen« beschrieben. Heute nehmen wir an, daß auch das Es strukturiertes Material (durch die Verdrängung z. B.) enthält, daß Ich und Es nicht scharf voneinander zu trennen sind und sich aus einer undifferenzierten Ich-Es-Matrix herausbilden. Auch das Ich enthält angeborene Möglichkeiten, vor allem die *autonomen Ich-Apparate*, primäre, erb- und reifungsabhängige Funktionen, die man auch als *konfliktfreie Ichsphäre* (H. Hartmann) beschrieben hat. Gemeint ist damit, daß das Ich nicht, wie in der ursprünglichen Konzeption Freuds, wie ein den Kräften des Es und Über-Ich ausgeliefert erscheinender Spielball vorzustellen ist, sondern durchaus mitgegebene Funktionen hat, die freilich, wenn sie frühzeitig zwischen die Mahlsteine allzu massiver Triebkonflikte geraten, in ihrer Funktion und Reifung schwer geschädigt werden können.

Da der im Sprachgebrauch für die Gesamtperson und ihr subjektives Erleben übliche Terminus »Ich« durch die Entwicklung der psychoanalytischen Theorie die eingeschränktere Sonderbedeutung der Instanz Ich erhalten hat, wurde für die Gesamtperson der Begriff des *Selbst* eingeführt.

Trotz mancher Ähnlichkeiten dürfen wir dieses Instanzenmodell nicht mit dem topographischen Modell gleichsetzen. So gehört zwar das Es ganz dem Unbewußten an, aber auch wesentliche Anteile des Ich und Über-Ich können unbewußt sein (z. B. unbewußte Strafbedürfnisse, die vom Über-Ich ausgehen; unbewußte Ängste und Abwehrmechanismen, die dem Ich angehören).

Das Instanzenmodell ist Bestandteil der »Metapsychologie«, wie Freud in Anlehnung an die »Metaphysik« sagte: Es ist nicht direkt beweisbar, aber auch nicht widerlegbar, es handelt sich um Konstrukte. Niemand hat diese Instanzen je gesehen, und es besteht die Gefahr, daß man in Verkennung ihrer genetischen

Zusammenhänge sie zu drei Teilpersönlichkeiten von jeweils eigenem Wesen simplifiziert und damit einem Anthropomorphismus verfällt. Der Vorzug des Modells und seine Brauchbarkeit liegen darin, daß mit seiner Hilfe viele psychopathologische Phänomene u. a. auch als aktuelle Konflikte zwischen diesen Instanzen strukturell präziser beschrieben werden und durch die Eigengeschichte dieser Instanzen auch genetisch besser verstanden werden können. Es ist ein plastisch-lebendiges Modell, das sich in der Praxis vorzüglich bewährt hat, besonders beim neurotischen Menschen, bei dem sich diese Instanzen funktionell viel schärfer trennen lassen, was mit der inneren Gespaltenheit des neurotischen Menschen zusammenhängt bzw. diese bedingt.

2. *Angst und Schuldgefühl*

Angst ist ein Zentralerlebnis des Menschen, im körperlichen Bereich dem Schmerz entsprechend. Analog dessen lebenswichtiger Warnfunktion ist auch die Angst keineswegs ein per se neurotisches Phänomen. Ihr kommt eine wichtige Signalfunktion angesichts drohender Gefahr zu, ein völlig angstunfähiger Mensch würde blind hineinlaufen und darin umkommen.

Wann erleben wir im Ich als der eigentlichen »Angststätte« Angst? Betrachten wir hierzu eine kindliche Situation. Peter hat gesehen (Ich-Funktion der Wahrnehmung), daß seine Mutter Aprikosen auf dem Küchenschrank aufbewahrt; er bekommt Hunger (mobilisierter Es-Impuls), holt einen Stuhl, klettert hinauf und ißt einige auf (Ich-Funktionen im Bündnis mit Es-Impuls). Peter könnte sich aber auch erinnern (Ich), daß Mutter über sein »Naschen« schon öfter ärgerlich war. Diese im Gedächtnis aufgespeicherte Erfahrungsrealität bringt das Ich in Konflikt mit dem Es-Impuls und bedingt *Real-Angst*. Das Ich muß nun entscheiden: Ich stelle mich auf seiten des Es und nasche trotzdem (vielleicht sieht es die Mutter nicht, oder ich nehme die Strafe in Kauf) oder: ich warte bis zum Mittagessen, da gibt es die Aprikosen zum Nachtisch (realitätsangepaßter Triebaufschub). Peter kann aber auch plötzlich erleben: Naschen ist verboten, hat die Mutter immer gesagt, ich verzichte darauf (Ich im Bündnis mit Über-Ich). Peter kann aber auch plötzlich fühlen: Ich bin ganz böse. Und später beim Nachtisch »mag« er die Aprikosen gar nicht und läßt sie liegen (Über-Ich-Strafimpuls). In diesem Fall hätten wir bereits eine Neurose in statu nascendi vor uns mit dem Symptom einer Eßstörung oder Eßphobie. In all diesen Fällen hat die im Ich erlebte Angst zu verschiedenen Handlungen und Entscheidungen des Ich geführt, die natürlich nicht so bewußt verbalisiert verlaufen, wie hier dargestellt.

Aber auch der Über-Ich-Impuls kann abgewehrt werden. Peter kann vor sich selbst so tun, als wüßte er, wider besseres Wissen, nichts von der Gefahr möglicher Strafe: Verleugnung. Oder Mutters Verbot fällt ihm jetzt gerade überhaupt nicht ein: Verdrängung. Nach vollzogener Handlung kann ein schlechtes Gewissen, ein Schuldgefühl entstehen. Ist das Über-Ich sehr streng und strafend, so entsteht das Schuldgefühl schon früher, beim Gewahrwerden der Aprikosen. Ein solches Kind ist dann bereits gefährdet, denn ein lebendig-spontaner Einfall wird als solcher bereits – vor jeder Handlung – schuldhaft erlebt. Es ist schon über einen normalen adäquaten Wunsch niedergeschlagen (Ansatz zu depressiver Struktur).

Schon an diesem kleinen Beispiel wird deutlich, wie wichtig die Phänomene Angst und Schuldgefühl zum Verständnis normpsychologischer Erlebnisse sind, wie wichtig sie aber vor allem zum Verständnis der Genese einer neurotischen Störung werden. Angst ist daher ein Zentralphänomen jeder Neurose; wir sprechen in solchen Fällen von *neurotischer Angst.*

a) Die Eltern in uns

Denken wir nochmals an Peter. Er kann Real-Angst erleben (Mutter kommt und schimpft mich). Es kann sich aber auch um eine Über-Ich-Angst handeln: Mutter kann nichts bemerken, weil sie die Aprikosen nicht gezählt hat, aber *wenn* sie es wüßte, wäre sie mir böse. In diesem Fall hat Peter bereits ein Stück subjektive Erlebnisqualität dieser Mutter psychisch einverleibt, introjiziert. Die Mutter als Realperson braucht nicht mehr anwesend zu sein, das Konzentrat der Verhaltenserfahrung an ihr hat sich in Peter als Instanz verselbständigt (Über-Ich-Keim), vertritt die abwesende Mutter mit demselben Effekt. Nicht mehr Real-Gefahr, Real-Angst und äußerer Konflikt herrschen, sondern der Konflikt ist verinnerlicht, und Über-Ich-Angst beeinflußt das Ich in seiner Handlungsentscheidung. Auf solche Weise, durch Verdichtung unzähliger mikrotraumatischer Alltagserlebnisse und Erfahrungen an den Eltern, konstituiert sich im Laufe der ersten Lebensjahre die Über-Ich-Instanz.

Freud hatte ursprünglich die neurotische Angst (in Abhebung zur Real-Angst vor äußerer Gefahr) als verwandelte gestaute Libido und nicht abgeführten Affekt zu verstehen versucht. Angstneurotische Zustände führte er z. B auf sexuelle Frustration aus äußeren oder inneren Gründen zurück, wobei sich die unabgeführte Libido in Angst umwandle. Es schwebte ihm eine Art toxikologische Angsttheorie durch gestaute »Sexualstoffe« vor.

Später (1926) jedoch stellte Freud eine andere Angsttheorie auf, die sich des inzwischen entwickelten Instanzenmodells bedient. Er sah nun in der Angst die Reaktion des Ich auf eine Gefahr bzw. auf die antizipierende Erwartung einer Gefahr. Die Gefahr ist die Phantasie von den Folgen der Realisation eines Triebimpulses, also eine innere Gefahr (im Gegensatz zur Real-Angst). Vor ihr sucht sich das Ich durch das *Signal Angst* zu schützen, ein unlustvolles Signal, das dem Lustprinzip zuwiderläuft und daher dringlichst zur Bildung von Abwehrmechanismen aufruft. Während man äußerer Real-Angst (etwa angesichts eines wilden Tieres) durch Flucht vor der Gefahr entgehen kann, ist dies bei inneren Gefahren (Triebimpuls) nicht möglich. Hier muß das Ich zur Bildung innerer Abwehrmechanismen gegen den gefährlichen Triebanspruch übergehen.

Während also in der ersten Angsttheorie Angst als *Folge* der Abwehr gesehen wird, ist sie nunmehr zur *Ursache* der Abwehr geworden (Freud, 1926). Diese Auffassung entwickelte Freud in der Auseinandersetzung mit seinem Schüler Rank, der die berühmte These vom Geburtstrauma aufstellte, nach der alle neurotischen Ängste Folge eines ungenügend »abreagierten« Traumas seien, das die Geburt darstelle. Freud konnte diese einseitige Behauptung nicht voll akzeptieren; er meinte lediglich, daß die extremen Umstellungsbedingungen des Geburtsvorgangs zum *biologischen* Grundmodell für spätere Ängste anderen Ursprungs werden könnten, was nicht bedeute, daß diese auch inhaltlich auf das Trauma der Geburt rückführbar seien.

b) Angstinhalte

Welche ursprünglichen Angstinhalte müssen wir annehmen? Wenn wir von eigenem Erleben ausgehen oder unsere Mitmenschen befragen, finden wir unzählige differente Inhalte: Bindungs-, Blamage-, Ansteckungs-, Examens-, Verarmungs-, existentielle Angst usw. Aber es scheint so, als liege der energetische Kern dieser so unterschiedlichen Angstinhalte des Erwachsenen in einigen Ur- oder *Primärängsten*, denen das Kind sich ausgeliefert fühlen kann und die – nach aller empirischer Erfahrung – als genetischer Hintergrund der differenten Erwachsenen-Ängste aufgedeckt und herausgeschält werden können. Wir müssen uns dabei vor Augen führen, daß in der frühen Kindheit ganz besondere *Angstbedingungen* herrschen. Die Situation des Kindes ist ja gekennzeichnet durch eine dem Erwachsenen nicht mehr ohne weiteres erinnerbare *Hilflosigkeit* und *Abhängigkeit*. Es ist, schon durch die fehlende Instinktsicherung, biologisch, sozial und psychisch noch ganz abhängig von der Macht und Fürsorge der Bezugspersonen, denen es sich daher im Konfliktfall nicht durch Flucht (z. B. Nestflucht) entziehen kann. Es benötigt existentiell räumliche, soziale und leibliche Geborgenheit. Hätte ein Kind bewußte Einsicht in seine abhängige Position, so käme es sozusagen aus der Angst nicht mehr heraus. Daher entwickelt jedes Kind kompensatorisch magische *Omnipotenz*-, d. h. *Allmachts-Phantasien* (Ferenczi), wie wir dies in Märchen als Produkt einer Kollektiv-Phantasie, z. B. im Däumling mit den Siebenmeilenstiefeln sehen können.

Aus dieser kindlichen Hilflosigkeit und Abhängigkeit werden folgende primären Angstinhalte verständlich:

Angst vor Objektverlust: Sie ist eine genetisch sehr frühe. Das Kind braucht ja Monate zum Aufbau einer tragfähigen Objektbeziehung (Kap. D, 3); früher emotionaler Objektverlust kann schwere, in extremen Fällen tödliche Folgen für ein Kind im ersten Lebensjahr haben (Spitz). Das Weggehen und mögliche Nichtmehrwiederkommen der Mutter, des frühesten und wichtigsten »Objekts«, das Alleingelassenwerden, ist daher für ein Kind eine sehr mächtige Angstquelle (Trennungsangst).

Angst vor dem Liebesverlust durch das Objekt: Ist bereits eine stabile Objektbeziehung aufgebaut, so wird die Objektverlustangst zwar durch das inzwischen gewachsene »Urvertrauen« gemildert, aber als Angstquelle tritt nun in den Vordergrund, daß das erhaltenbleibende Objekt böse und gefährlich werden kann. Diese Angst kann bekanntlich durch Eltern, aber auch durch eine inzwischen recht in Frage gestellte »Pädagogik« weidlich ausgenützt werden, um das Kind zu manipulieren und zum erwünschten Verhalten zu zwingen. Diese Angstquelle wird aber auch durch verwöhnend-festhaltende Erziehung zur Unmündigkeit verewigt. Völlig erspart kann diese Angst – auch bei vernünftigen Eltern – freilich keinem Kind werden, denn auch die gesündesten Eltern werden dann und wann einmal »böse«. Für das kindliche Erleben spielt es aber keine entscheidende Rolle, ob es sich um phantasierte oder objektive Bedrohungen handelt; insofern muß sich jedes Kind – auch unter optimalen Bedingungen – mit dieser Angst über viele Jahre hinweg auseinandersetzen. Dazu gehört auch das Ausbleiben erwarteter und notwendiger Liebesbeweise und Betätigungen durch herbere oder gar gefühlskalte Eltern. Zur Vermeidung dieser Primärangst kann ein Kind versuchen, durch betonte Anpassung an die vermuteten Wünsche der Eltern um Liebe und Kontakt zu werben, was die emanzipative Entfaltung sehr hemmen kann (Gefügigkeit, neurotische Bravheit). Ein anderer Bewältigungsversuch kann im provozierend-auffallenden Stören bestehen, wodurch Zuwendung und Interesse erzwungen werden sollen, unter Umständen sogar strafender Kontakt, der immer noch erträglicher ist als gar keiner (Ansatz zu »masochistischen« Strukturen mit hyperaggressivem Verhalten).

Kastrationsangst: Hier handelt es sich um eine speziellere Angst vor Beschädigung, die vor allem in der sog. phallischen Phase (Kap. D, 10) auftritt, in der das männliche (oder bei Mädchen das als männlich phantasierte) Genitale im libidinösen Interessenzentrum steht und daher auch besonders von Strafängsten bedroht erscheint. Im weiteren Sinn ist diese Angst auch als die Gefahr des »Beschnittenwerdens« aller expansiven Entfaltungsmöglichkeiten (z. B. motorischer Art) zu verstehen. Diese Angst ist objektiv keine totalbedrohende wie die beiden vorgenannten mehr, wenngleich die unbewußten Bilder solcher Kastration (z. B. im Traum) wegen der vitalen Grundbedeutung der partiell bedrohten Impulse noch deutliche Anklänge an den Tod enthalten (Hinrichtung; Psychose als geistiger Tod; Blendung als ewige Nacht usw.).

Über-Ich-Angst (»Gewissens«-Angst): Hier handelt es sich nicht mehr um Realangst vor äußerer Gefahr, sondern um eine innere vor dem Forum des Über-Ich. Diese Angst wird meist als Schuldgefühl erlebt, das depressive Stimmung erzeugt.

Angst vor dem eigenen Masochismus: Auch hier handelt es sich schon um spätere kindliche Stadien sowie um ein bereits errichtetes besonders strenges Über-Ich. Es sind dann bereits Selbstbestrafungs*bedürfnisse* zwanghafter Art entstanden, die sich auch als latente oder manifeste Selbstbeschädigungs- und Selbstmordtendenzen äußern können. Höhenphobien (Angst vor dem Drang, sich – auf einem Turm stehend – hinunterzustürzen) können hierhergehören, aber auch der »Verbrecher aus Schuldgefühl« (Freud), der kriminelle Handlungen aus dem unbewußten Motiv begeht, die Über-Ich-Instanz durch die gerichtliche Strafe zu versöhnen (z. B. wegen ebenfalls unbewußter ödipaler Konflikte); beileibe keine echten Kriminellen, sondern im Grunde überwertig gewissenstrenge Menschen, bei denen das Über-Ich zum Gegner des personalen Gewissens geworden ist. Die masochistische Tendenz kann auch eine eigene Lustqualität bekommen. In leichteren Fällen ist uns dies als »Angstlust« bekannt: Man kokettiert mit gefährlichen Situationen und dem Erlebnis des »thrill« (Balint), wie wir es harmloser, nämlich in der sicheren Distanz des Spiels, alle von der Faszination durch einen Gruselfilm, einen Krimi oder von der Achterbahn her kennen.

Angst vor der eigenen Triebstärke und dem Ich-Zerfall: Solche Ängste treten auf, wenn besonders starke Triebbedürfnisse (z. B. aggressiv-mörderische Impulse) andrängen, die vom Ich kaum zu bewältigen sind, aber nicht nur wegen äußerer Realgefahr und aus Über-Ich-Angst gefürchtet werden, sondern wegen der Überflutung und Zerstörung der steuernden Ich-Instanz. Solche Ängste können bei besonderer Ich-Schwäche und in Umbruchsphasen, z. B. in der Pubertät (biologisch mobilisierte Triebimpulse) und

in der beginnenden Schizophrenie auftreten (A. Freud) und führen oft bereits zu psychotischem Geschehen (Ich-Zerfall, Depersonalisation usw.).
Vor allem die vier erstgenannten Ängste (und mit Vorbehalt die letzten beiden, die aber wohl schon sekundäre Erscheinungen sind) sind die grundlegenden Ängste der Kindheit. Sie haben das Gemeinsame, daß sie auf entwicklungsnotwendigen vitalen Bedürfnissen und Triebansprüchen beruhen, die nicht einfach negiert werden können und deren Versagung nicht nur Angst und Ohnmacht, sondern auch massive Demütigung (narzißtische Kränkung) zur Folge hat. Die Demütigung hängt u. a. auch damit zusammen, daß Nicht-geliebt-Werden subjektiv auch heißt: Ich bin nicht liebenswert.
Auf eine oder mehrere dieser Grundängste der Kindheit läßt sich bei genauer Analyse der Kern fast aller Erwachsenenängste zurückführen. Meist stellt sich heraus, daß die eigentliche Angstintensität an diesen primären Hintergrund gekoppelt ist, der die vordergründige Angstkulisse durchtönt und dieser ausliefert. Umgekehrt: gelingt es, hinter den aktuellen Ängsten die alte Kindheitsangst aufzudecken und durchzuarbeiten, dann kann der aktuellen Angst die Hauptdynamik entzogen werden. Sie wandelt sich dann oft zu einer erträglicheren »normalen« Furcht, die jedem Menschen zukommt, die er im allgemeinen auch bestehen kann, ja zur vollen Entfaltung seiner Möglichkeiten sogar manchmal benötigt. In einer eindrucksvollen Studie hat Riemann, auf diesen Erkenntnissen aufbauend, die speziellen Angstinhalte der einzelnen Neurosenstrukturen aufgezeigt, die sich, teils sekundär, aus dem Zusammentreffen der Primärängste mit phasenspezifischen peristatisch individuellen Umweltfaktoren neurosenstruktur-spezifisch ergeben (Kap. E, 5–8).
Was die beiden Angsttheorien Freuds betrifft, so muß man sie heute nicht als sich ausschließenden Widerspruch sehen. Jede Abwehr ist angstgeboren, soll Angst ersparen, aber erzeugt dennoch auch selbst wiederum Angst, ein Circulus vitiosus. Hemmung lebenswichtiger vitaler Grundimpulse ängstigt, freilich nicht nur aus somatisch-biologischer Triebstauung, sondern auch wegen der funktionellen Behinderung und der verunmöglichten Selbstentfaltung. Hemmung ist wiederum oft verursacht durch Real-Angst, die zur Abwehr geführt hat. Lockerung dieser Ab-

wehr (in Versuchungssituationen des Lebens, aber auch in der Therapie) läßt die abgewehrte Angst wieder hervortreten. Angst kann Ursache der Abwehr, aber auch deren Folge sein.
Hilfreich zum Verständnis ist die alte Unterscheidung von Angst und Furcht. Wir fürchten uns vor einer uns bekannten Gefahr, aber wir ängstigen uns, wenn wir nicht genau wissen, was zu fürchten ist. Gerade die Unklarheit über das Motiv der Furcht *ist* und *macht* Angst. Jaspers meint: »Furcht ist auf etwas gerichtet; die Angst ist gegenstandslos.« Aufgabe einer Analyse ist u. a., unklare Angst wieder in klarere Furcht zurückzuverwandeln und damit einer besseren Bewältigungsmöglichkeit zuzuführen. Zuhilfe kommen diesem Prozeß die potentiell und real viel größeren Funktionsmöglichkeiten des Erwachsenen, für den die kindlichen Angstbedingungen oft nur subjektiv weiterbestehen, worin der Anachronismus der Neurose liegt. Zur tatsächlichen Angstbewältigung gehört dann freilich auch die Nachentfaltung und größtmögliche Entwicklung alloplastischer (die Umwelt verändernder) Fähigkeiten als Voraussetzung reiferer Selbständigkeit.

*durch die Zeit überholt

3. Bewältigungsversuche der Angst – die Abwehrmechanismen

Der Mensch ist in seinen Angstinhalten nicht nur ein existentiell und materiell von Naturkatastrophen, von biologischen Gefahren (Krankheit, Tod) und zwischenmenschlichen Gefährdungen (Krieg, Vertreibung, Konkurrenzkampf, Verlust des Arbeitsplatzes usw.) bedrohtes Wesen, sondern er erlebt sich seelischen Gefahren ausgeliefert, die aus seinen sozialen Bedürfnissen nach Kontakt, Geborgenheit, Geltung, Liebe und Selbstverwirklichung herrühren. In unserer Kultur, in der in normalen Zeiten die Minimalgrundlagen materieller Existenz (Nahrung, Kleidung, Wohnung) im allgemeinen gesichert sind, ist die Armut nicht mehr eine des Magens, sondern der Seele. Starke Bedürfnisse wecken starke Ängste, sie nicht befriedigt zu sehen. Am Beginn des Lebens lebt der Mensch als Säugling naiv aus einem unbewußten schrankenlosen Anspruch auf Zuwendung und Erhalt all dessen, was er seelisch und materiell braucht, quasi als einer, dem alle Bedienung selbstverständlich zusteht. Unvermeidbar stellen sich aber bereits früh Versagungen und Bedrohungen dieses narzißtischen Anspruchs ein. In Fortsetzung und Ablösung des mitgegebenen biologischen Reizschutzes (z. B. der erhöhten Reizwahrnehmungsschwelle) muß er nun für größere Unlust- und Angstqualitäten psychische Schutzmechanismen entwickeln, die – wahrscheinlich auf Grund erbmäßig angelegter Möglichkeiten – im Sinne eines Lernprozesses im täglichen Umgang mit Objekten und Ängsten eingeübt werden. Mechanismen müssen wir sie deshalb nennen, weil sich diese Vorgänge reflexhaft einschleifen, sich dann automatisch vollziehen und auch später überwiegend unbewußt ablaufen. Ihr Sinn ist, im Ich erlebnisfähig vorliegende primäre Ängste zu beseitigen und zu mildern, angesichts der begrenzten Frustrationstoleranz des kindlich schwachen Ich.

Ursprünglich sprach Freud einfach von Abwehr bzw. Verdrängung. Inzwischen kennen wir eine ganze Reihe recht differenter formaler Möglichkeiten solcher Abwehr. Diese Lehre von den Abwehrmechanismen des Ich ist neurosenpsychologisch deswegen so bedeutsam, weil die Art der jeweils verwendeten Abwehrform die spezifische Neurosensymptomatik mitbedingt, weil sie darüber hinaus in die Charakterstruktur eines Menschen übergehen kann und somit determinierend sein Erleben und Verhalten prägt. Da Abwehrmechanismen nicht per se krankhafte Phänomene sind, sondern lebensnotwendige Funktionen sein können, ist es auch hier – ähnlich wie beim fließenden Übergang von Gesundheit zur Neurose – eine schwer festzulegende Marke, von wann ab wir von *neurotischer* Abwehr sprechen. Ist die Abwehr sehr stark und rigide, richtet sie sich gegen Entfaltungsmöglichkeiten, die wir für die Selbstverwirklichung als wesentlich ansehen müssen, und werden sie anachronistisch lange beibehalten bis in Lebensstufen, in denen größere Angsttoleranz oder -freiheit möglich wäre, so haben wir pathologisch zu nennende Vorgänge vor uns, die gesunde Erlebensfülle und prospektive Reifungsschritte unter großem unproduktiven Kräfteverschleiß blockieren. Im Laufe des Lebens sind die Abwehrformen aber meist durch Gewohnheit eingespurt, durch den primären (Angst- und Unlustersparnis) und sekundären Abwehrgewinn (z. B. Ideologisierung) lustvoll und zum Bestandteil der eigenen Identität geworden, so daß es einer langen Arbeit der Bewußtmachung, der Durcharbeitung und des Umübens bedarf – mit ein Grund für die relativ lange Dauer einer psychoanalytischen Behandlung.

a) Die Verdrängung

Sie ist der erste Abwehrmechanismus, den Freud entdeckte. Wir verstehen unter Verdrängung die Verhinderung und Blockierung des Zugangs einer angstmachenden Vorstellung, Trieb- oder Affektregung ins Vorbewußte oder Bewußte durch eine »Gegenbesetzung« *(Urverdrängung)* oder ihre Zurückverweisung ins Unbewußte durch einen »Besetzungsentzug«. Dieser Inhalt wird also »unerlebbar« gemacht. In unserem Beispiel wäre dies der Fall, wenn Peter seinen oralen Triebwunsch gar nicht mehr erlebt und sich als ein Kind »vorfindet«, das sich für Aprikosen gar nicht interessiert. »Wer nichts gebraucht, der hat genug«, sagt W. Busch über den ökonomischen Vorteil solcher Verdrängung. Freilich hilft dies dem Kind nur scheinbar, denn die orale Bedürfniskategorie ist damit keineswegs völlig eliminiert. An Träumen, Fehlhandlungen, Durchbrüchen oder Neidgefühlen läßt sich nachweisen, daß verdrängte Wünsche unbewußt weiterschwelen und zur *Wiederkehr* drängen. Der Vorteil der Angstvermeidung wird bezahlt durch den ständigen Kraftaufwand erneuter Verdrängung, aber auch durch den partiellen Wahrnehmungsausfall, der bei ausgedehnteren Verdrängungen ganzer Triebkategorien die Weltsicht scheuklappenartig einengt im Sinne einer partiellen »Seelenblindheit« und »Seelendummheit«. Naive Fehlerwartungen, falsche Menschenbeurteilung und funktionale Einschränkung eigener Möglichkeiten sind die weiteren Folgen, ebenso die Ausbildung einer Neurosenstruktur oder deutlicher Symptome.

Das Ziel der Aufhebung einer Verdrängung in der Therapie ist, dem Betreffenden den ursprünglichen Konflikt wieder ins volle Erleben zugänglich zu machen, um ihm nun als Erwachsenen mit reiferen Funktionsmöglichkeiten eine echte selbständige Entscheidung zu ermöglichen, sei es zu bewußtem Vollzug oder zu bewußtem Verzicht.

b) Identifikation und Introjektion

Wir verstehen darunter die Möglichkeit einer Konfliktlösung, sich mit den Motiven, Anschauungen, Meinungen, Befehlen und Verhaltensweisen einer anderen Person gleichzusetzen, sich zu identifizieren. Ein Kind z. B., das statt der Schularbeiten lieber auf der Straße spielen will, was die Eltern aber verboten haben, kann diesen Konflikt zwischen expansivem Impuls und Elterngebot mildern, indem es sich mit dem Vater identifiziert, der ja auch in seinem Büro sitzt und arbeitet. Die Imitation: ich mache es wie Vater, oder die Identifikation: ich bin jetzt der Vater, hilft ihm, die Angst vor Strafe und Liebesverlust beim andrängenden aggressiven Protest abzuwehren. Das Kind gleicht sich nicht nur dem Vater an, sondern holt ihn in sich hinein, verinnerlicht ihn, sein Vorbild und seine Tätigkeit. Solche Identifikationen spielen in der kindlichen Entwicklung laufend eine große Rolle und sind (neben der biologischen Vererbung) mit die Grundlage für Ähnlichkeiten innerhalb der Familie (und im weiteren Sinn einer Volksgruppe und eines Kulturkreises). Viele Erlebnis- und Verhaltensweisen des Einzelindividuums, aber auch Symptomtraditionen, sind über Identifikation entstanden und gefestigt worden, was oft eine »Vererbung« vortäuscht. Leit- und Vorbilder werden auf diese Weise zur Bildung des Ich-Ideals, Verbote zur Bildung des Über-Ichs einverleibt. Beim Rollenspiel des Kindes ist besonders deutlich, wie das Kind am Erwachsenen beobachtete Verhaltensweisen spielerisch nachahmend erlernt, einübt und sich dabei in der Phantasie mit dem realen Träger dieser Rolle gleichsetzt, ein wichtiger Weg zur Sozialisation, zum Vertrautwerden mit Fähigkeiten und Rollen, aber auch zum (identifikatorischen) Verstehen des anderen.
Dieser normalen und lebenswichtigen Bedeutung des Identifikationsvorgangs steht diejenige gegenüber, bei der Identifikation überwiegend unter starkem Konfliktdruck und zur Abwehr emanzipativ lebensnotwendiger Bedürfnisse verwendet werden mit entsprechenden pathologischen Folgen. So kann ein Kind schon sehr früh *bewußte,* vielleicht täglich gepredigte Motivkomplexe einer depressiven Mutter identifikatorisch übernehmen, die als gemeinsames Motto die Überschrift tragen: Man darf nicht aggressiv sein = man muß immer lieb sein. Diese Identifi-

kation wird das Kind grundlegend an einer normalen Entfaltung der Fähigkeit zum Sichdurchsetzen behindern, an deren Anfang immer die Aggression, z. B. im Trotz, steht. Aber auch *unbewußte* Motive der Eltern werden vom Kind zwischen den Zeilen erspürt und via Identifikation übernommen, z. B. unbefriedigte Geltungswünsche eines Vaters, der es nicht so weit brachte, wie er wollte. Hier kann die (partielle) Identifikation mit den *verdrängten*, aber auf das Kind projizierten Elternmotiven das Kind zum überehrgeizigen Erfüllungsgehilfen des väterlichen Ich-Ideals anstacheln, was dann z. B. eine der eigenen Begabung und Neigung entsprechende Berufswahl verhindern kann.

Je früher Identifikationen stattfinden, um so tiefer sind sie verwurzelt und wegen der größeren Angstintensität auch starrer. Sehr frühe Identifikationen von besonderem Charakter, Introjektionen genannt, spielen bei der Genese psychosenaher Strukturen, z. B. bei schweren Depressionen, eine große Rolle. Manche Autoren sprechen von Introjektion, wenn es sich um Eingliederung ins Ich handelt, von Identifikation dagegen, wenn es um Internalisierungen ins Über-Ich geht. Andere Autoren gebrauchen beide Begriffe synonym. In der Psychopathologie spielt die Identifikation eine besondere Rolle bei Fehlformen der Verarbeitung des Ödipuskomplexes entsprechend der Bedeutung der Identifikation zur normalen Überwindung desselben. Auslösend für Identifikationen sind oft Verlusterlebnisse, etwa der Tod eines geliebten Elternteils, den man sich durch Identifikation mit ihm innerlich lebendig erhalten will, um der »Trauerarbeit« (Freud) zu entgehen, was zu erheblich verzerrenden Charakterentwicklungen führen kann (z. B. zur Vermännlichung einer Tochter, die den Tod des Vaters identifikatorisch verarbeitet).

Triebpsychologisch entspricht die Identifikation dem oralen Bereich: Es handelt sich ja um eine Einverleibung, einen »seelischen Kannibalismus«. Grundlage hierzu ist eine primitive Form der »Liebe«, eine positiv getönte Objektbeziehung, die aber auch oral-aggressiv-zerstörende Tendenzen enthält (»zum Fressen gern haben«). So ist in diesem Akt liebenden Einswerdens auch immer die Ambivalenz mit im Spiel, das Trennende, die gegensätzlichen Impulse sind, dynamisch gesehen, damit nicht einfach eliminiert. Daher beobachten wir gerade bei Identifikationen,

die unter starkem Angstdruck entstanden sind, daß unter der Decke die aggressiven Tendenzen schwelen und auch durchbrechen können, was manche Haßliebe verständlicher werden läßt.
Reifung zum erwachsenen Menschen heißt daher auch, bei sich selbst immer wieder zu überprüfen, ob die vertretenen Meinungen und das gelebte Verhalten vorwiegend Identifikationen entstammen und dem bewußten selbständigen Urteil standhalten können. Sehr oft entwickelt sich Reife und selbständiges Urteil erst durch nachträgliches Sichlösen aus Identifikationen, die dann wie Schale um Schale abgestreift werden können, z. B. Vorurteile, die aus dem spezifischen sozialen Elternmilieu, aus der Sicht einer Schule, einer Religionsgemeinschaft, des speziellen Berufes, des eigenen Volkes und dessen kollektiven sozio-kulturellen Vorurteilen usw. stammen. Besonders in Zeiten der Gefahr finden unter (oft demagogisch angeheiztem) Angstdruck kollektive Identifikationen mit »Führern« und mit dessen persönlichen Motiven und »Weltanschauungen« statt, die später kaum mehr zu begreifen sind, wenn sie – frei vom Angstdruck – bewußter reflektiert werden können. Das Herauswachsen aus alten Identifikationen ist freilich für die meisten nur begrenzt möglich und bedeutet jedesmal ein Stückchen Verlust einer »alten Heimat« und deren Geborgenheit, wie kärglich diese auch aussehen mag. Identifikation vermittelt Schutz, ihre Lösung Selbständigkeit, aber auch oft Einsamkeit, ein Weg zur Reife, dem schon aus diesem Grund Grenzen gesetzt sind.
Eine wichtige Sonderform der Identifikation, die besonders der Abwehr von Schuldgefühlen dient, ist die von A. Freud beschriebene »Identifikation mit dem Angreifer«, die zugleich den Mechanismus der Projektion mit verwendet.

c) Projektion

Beim Vorgang der Projektion werden eigene Impulse nicht im Innern als solche wahrgenommen, sondern als von außen kommend oder am anderen als dessen Impulse erlebt. Sie werden projiziert.
Diese Abwehr eignet sich vor allem für verpönte Inhalte, die vom Ich als besonders gefährlich erlebt werden würden. Das Motto »nicht ich hasse dich, sondern du haßt ja mich« entlastet

Angst und Schuldgefühl besonders nachhaltig. Erleichtert wird die Projektion dadurch, daß – bei entsprechendem Suchen – sich meist auch rationale Belege dafür finden (oder erfinden) lassen, daß der andere z. B. aggressive Regungen habe, weil ja kein Mensch davon frei ist.

Ein bisher sehr aggressives Kind kann plötzlich auffällig brav werden, sich aber ebenso auffällig vor der Umgebung (oder im dunklen Keller) zu fürchten beginnen. Hier ist dann eine Verdrängung der eigenen Aggression geschehen, ergänzt durch eine Projektion: Die Umwelt wird mit den verdrängten eigenen Aggressionen aufgeladen, dämonisiert, und im Dunkel des Kellers wird dann ein lauernder Mörder (als anonyme Personifizierung der projizierten Aggression) vermutet. Auf diese Weise kann z. B. eine Dunkelangst als Symptom entstehen als Abwehr eigener Feindseligkeit gegen die Eltern. Ein anderes Kind »sieht« im Tapetenmuster plötzlich Tierfratzen (als Projektion innerer Angstbilder). Auch Über-Ich-Motive können projiziert werden (»alle Leute sehen mich so vorwurfsvoll an«) oder Befriedigungswünsche (»die Lehrerin mag mich am liebsten« oder »alle anderen haben es ja viel besser«).

Dem Aufwand nach tut das Ich dabei seine Schuldigkeit (z. B. dem Über-Ich gegenüber) – der gefährliche Inhalt ist eliminiert und darüber hinaus aus dem eigenen Selbst hinausverlagert –, nicht aber dem Effekt nach, denn der Inhalt kehrt von außen wieder. Die Angstentlastung wird mit einer Verzerrung der Realitätswahrnehmung, der Kausalität oder einer verhältnisgerechten Beurteilung der Realität erkauft. Hier liegt der Ansatzpunkt zu paranoiden Erlebnissen, als deren psychiatrischer Extremfall das paranoische Wahnerleben des Schizophrenen anzusehen ist. Dabei hängt es von der qualitativen Kategorie der projizierten Inhalte ab, wie das Wahnerleben inhaltlich gefärbt ist: Werden orale Impulse projektiv abgewehrt, so werden Welt und Partner als verschlingend und überfordernd erlebt. Projektion aggressiver Impulse führt zu Verfolgungs- und Vorwurfserlebnissen bis zum Verfolgungswahn, Projektion sexueller Inhalte zu Formen des Liebeswahns (z. B. die ältliche Sekretärin, die einen freundlichen Chef als impertinent zudringlich erlebt) oder im Eifersuchtswahn (wobei eigene Untreueimpulse in den Partner verlegt und dort »entdeckt« werden). Die Intensitäten

sind verschieden, aber paranoide Tendenzen haben wir, vor allem unter Angstdruck, alle.
Charakterologisch führt dieser Abwehrmechanismus in ausgeprägterem Grad zu einer Pharisäerhaltung, z. B. zum »Moralapostel«, der die eigenen Wünsche um so unerbittlicher am anderen bekämpft und verfolgt.
In der bereits erwähnten »Identifikation mit dem Angreifer« (A. Freud) liegt auch immer ein Projektionsanteil vor. Sie ist oft die unbewußte Grundlage der Methode: Angriff ist die beste Verteidigung. Wer unbewußt unter Schulddruck steht und den Angriff der Autorität (Eltern, Lehrer) erwarten muß, kann zur Angstentlastung selbst besonders angriffig der Autorität gegenüber werden. Viele rational schwer verständliche, objektiv unbegründete Aggressionen von Kindern, Jugendlichen und Erwachsenen werden nach diesem Mechanismus verstehbar. Die Aggression wird – in Identifikation mit dem Über-Ich – entladen, aber am Sündenbock, auf den projektiv die Schuld abgeladen wird, was das Ich von unerträglichen Schuldgefühlen entlastet. So kann z. B. eine pubertierende Tochter ihre heimliche unbewußte Sexualneugier so abwehren, daß sie paranoid der Mutter vorwirft, sie spioniere ihr überall nach. Diese Vorwürfe können sich an tatsächlichen Kleinigkeiten aufhängen, die aber dann affektiv überbewertet werden, können aber auch frei erfunden sein; sie können ein Körnchen Wahrheit enthalten, aber auch wahnhafte Formen annehmen – immer wird die deutliche Unverhältnismäßigkeit des Vorwurfs ein Hinweis auf die Abwehr eigener schuldhaft empfundener Inhalte sein. Indem man sich zum Angreifer macht, sollen die Schuldgefühle dem anderen aufgebürdet werden.
Wie A. Freud gezeigt hat, handelt es sich dabei entweder um eine kindliche Durchgangsphase oder aber bereits um eine steckengebliebene Entwicklung. Das Über-Ich ist schon recht wirksam, die Kritik liegt bereits vor, aber das Ich ist noch zu schwach zur Selbstkritik. Es handelt sich um eine Vorstufe der Moral. Als Übergangsphase kann es sich aber auch um Abwehr von Real-Angst handeln: So spielt ein Kind gern Zahnarzt, um auf diese Weise seine eigene Angst vor diesem »Angreifer« zu überwinden, indem es sich selbst aus dem ohnmächtig Bedrohten in den aktiv Bedrohenden verwandelt und durch diesen Macht-

zuwachs einer Wendung zur Aktivität »spielend« Angst überwinden lernt, aber auch produktive Fähigkeiten und Fertigkeiten erwirbt, die die Angstbedingungen mildern. Pathologisch wird dieser Mechanismus, wenn der Erwachsene die Einsicht in eigene Hilfsbedürftigkeit abwehrt, indem er zwanghaft Opfer projizierter Hilfsbedürftigkeit schafft. Während die Puppe des Kleinkindes projizierte Schmerzen und das aggressive Arztspiel des Kindes leidlos erduldet, pflegen Partner von Erwachsenen voll bemächtigender Helferhaltung unnötige und unerwünschte Hilfeleistungen gegen projizierte Not als aufdringlich und unecht zu erleben.

Während die Identifikation oralen Aspekt hat, kann man die Projektion nach analem Muster interpretieren: Wie das Kind die Exkremente abtrennt und sie ausstößt, so geschieht in der Projektion eine Abtrennung und Ausstoßung eigener (abgelehnter) seelischer Inhalte nach außen.

Die Fähigkeit zur Projektion ist die Grundlage der »projektiven Testverfahren« (Rorschach, TAT usw.), aber auch der für die psychoanalytische Therapie so wichtigen Übertragungsvorgänge (Kap. G).

d) Reaktionsbildung

Auch dieser Abwehrmechanismus richtet sich gegen eine verpönte Triebregung bzw. die daraus resultierende Angst, geht aber über die Verdrängung hinaus, indem der *gegenteilige* Antrieb mobilisiert wird. Statt des eigentlichen Hasses wird betonte Zärtlichkeit erlebt und gelebt, von Verlustangst bedrohtes Schenkenwollen mobilisiert – als Reaktion – Geiz. Voraussetzung ist entweder eine besonders starke Bedrohung des primären Impulses durch Ängste oder ein besonders strenges Über-Ich. Die Mobilisierung des Gegenteils kann als verzerrende Dauerhaltung in das werdende Charaktergefüge eines Kindes eingehen. Freud hat in seiner Arbeit *Charakter und Analerotik* (1908) den auf solche Weise entstehenden »analen Charakter« beschrieben, gekennzeichnet durch die Trias Sparsamkeit bis zum Geiz, Eigensinn bis zum Trotz und übertriebene Ordnungsliebe bis zur Pedanterie, Züge, die wir besonders oft bei der zwangsneurotischen Struktur sehen. Diese frühen Reaktionsbildungen leitete Freud von kindlichen Erlebnissen bei früher und rigoroser Reinlichkeits-»Dressur« ab.

Reaktionsbildungen fallen auf durch besondere Überbetonung, die ja immer ein Hinweis auf abgewehrte gegenteilige Tendenzen ist. Außerdem zeichnen sie sich in ausgeprägten Fällen durch besondere Starre und Rigidität aus, die situationsgerechte Elastizität verunmöglicht, ein psychodynamischer Hinweis auf den massiven Damm, der gegen Durchbrüche gestauter Vitalität absichern muß. So können übertriebenes Mitleid oder Überfürsorge die dahinterliegenden Aggressionen zudecken, so kann aber auch auffällige Tollkühnheit eine Reaktionsbildung gegen starke Angst werden, die sonst mit Scham und Verlust der Selbstachtung einherginge, meist auf Grund früher Demütigungen und allzu rigoros geforderter Selbstbeherrschung. Dennoch kann es in entsprechenden Situation zu Durchbrüchen kommen, die, von außen gesehen, irrational und inadäquat wirken, etwa der Jähzornanfall wegen der berühmten Fliege an der Wand. Relativ belanglose Auslöser bringen »den Dampfkessel zum Platzen«, der demütigend belanglose Anlaß veranlaßt zu noch stärkerer Gegenreaktion, zur Verkehrung ins Gegenteil, wodurch ein zusätzlicher neurotisierender Circulus vitiosus entsteht. Da solche reaktiven Charakterzüge meist auch noch ideologisiert werden, sind sie besonders schwer einer auflockernden Selbstkritik zugänglich und machen ihren Träger auch überempfindlich aggressiv gegen Fremdkritik. Die Notwendigkeit, eine solche pathologische Überkompensation wie die Reaktionsbildung zu entwickeln, ist ein Indiz für ein Lebensschicksal, in dem ein Kind der Antithese Natur – Kultur zu früh und zu kraß ausgesetzt war, so daß statt einer ausgewogenen Entwicklung lediglich ein »widernatürlicher Dressurakt« zustande kam.

e) Verschiebung

Hier handelt es sich darum, daß ein blockiertes Trieb*objekt* gegen einen Ersatz eingetauscht wird, an dem sich die psychische Energie angstfreier entladen kann. Dieser sehr häufige (primärprozeßhafte) Vorgang, den wir bereits bei der Traumarbeit kennenlernten, erleichtert es, Triebspannungen abzureagieren, z. B. den Ärger auf den Chef, indem man ihn produktiv (und als

Beginn einer Sublimierung) zum Holzhacken verwendet. Auf Kosten eines empfindlicheren Ersatzobjekts geht die Verschiebung, wenn die Wut am Untergebenen ausgelassen wird. Von spezielleren neurosenpsychologischen Interesse ist die »Verschiebung *von unten nach oben*«, die wir, besonders in Traum und Symptombildung, sehr häufig bei der Abwehr tabuierter analer und sexueller Impulse vorfinden. Die Libidospannung an sich wird dann abgeführt, aber an Stelle der Vagina tritt eine obere Körperöffnung (Mund), und unbewußte Sexualängste und -phantasien äußern sich dann in (konversionshysterischen) Symptomen, als psychogenes Erbrechen oder als Eßstörungen, hinter denen triebdynamisch »nach oben verschobene« und damit das sexuelle Tabu umgehende, »oral« gewordene Empfängnis- und Geburtsphantasien entstehen können (*regressive* Verschiebung). Um den Penis zentrierte Konflikte können nach oben auf den Kopf verschoben werden, der dann als symbolischer Ort einer entsexualisierten »geistigen« Potenz unbewußte Sexualbedeutung gewinnt (*sublimierende* Verschiebung); psychogene Kopfschmerzen können so Symptom tabuierter sexueller Spannungen sein.
Die »Verschiebung *auf ein Kleinstes*« bewährt sich als Abwehr von Affekten, die sicherheitshalber von den eigentlich gemeinten Personen auf ganz nebensächliche Bagatellobjekte verschoben werden. Dieses drängt sich dann allerdings in Form einer »unsinnigen« Zwangsidee immer wieder ins Bewußtsein, eben wegen der verschobenen seelischen Energie. Dieser Vorgang spielt bei der Entstehung einer Zwangsneurose eine große Rolle und ist eine Teilursache des subjektiven Gefühls, von ich-fremd erlebten bedeutungslosen Bagatellen innerlich gequält zu werden. In Analysen kann man oft erleben, daß ein Patient über relativ harmlose Handlungen größte Schuldgefühle äußert, die inadäquat und unsinnig wirken, deren Stärke aber gerade die Verschiebung relevanter Dinge (z. B. haßerfüllter Impulse gegen die Ehefrau und reaktive Schuldgefühle) auf eine harmlosere Situation (etwa einen Faschings-Flirt mit einem Mädchen) verrät.
Auch das Krankheitsbild der Phobie verwendet den Verschiebungsmechanismus. Im Phänomen der sog. Skrupulosität, das besonders katholischen Geistlichen in der Beichtpraxis begegnet, spielt sie ebenfalls eine Rolle. Solche Menschen berichten in

einem inneren Beichtzwang immer wieder und bei immer neuen Beichtvätern Sünden ganz belangloser Art. Alle Absolution hilft ihnen nicht, sie erleben keine Befreiung, weil der Beichtende die eigentlichen Quellen seines Schuldgefühls nicht kennt; sie sind unbewußt auf Harmloses verschoben. Da er sich des eigentlichen »Vergehens«, z. B. der ödipalen Aggressionen gegen den Vater, nicht bewußt ist, wird die Beichte zu einem neurotischen Lippenbekenntnis, das nicht befreien kann. Zwanghaftes Grübeln und Denkzwänge haben ähnliche Hintergründe, die – unanalysiert – durch Verschiebung den Denkvorgang leerlaufen lassen.

f) Rationalisierung

Ein Abwehrmechanismus, der auch gruppenpsychologisch große Bedeutung hat, ist die unbewußte Scheinbegründung oder Rationalisierung. Man rechtfertigt dabei intellektuell – mit rationalen Pseudogründen – Handlungen, Einstellungen und Meinungen, die unbewußt jedoch Triebinteressen entspringen, die aber, wegen ihres »egoistischen« Charakters und der Begleitängste, nicht bewußtseinsfähig sind.

Ein häufiges Beispiel ist die Saure-Trauben-Politik, in der die Not, Unlust oder Unfähigkeit im Nichterreichenkönnen des eigentlich heftig Gewünschten in die Tugend des gelassenen, vernünftigen Verzichts auf »so Wertloses« umfunktioniert wird, während das so abgewehrte Begehren weiter dynamisch wirksam bleibt.

Rationalisierung ist auch deshalb von so großer Bedeutung, weil sie die Grundlage dafür abgibt, sehr persönlich bedingte und motivierte Meinungen und Vorurteile als Überzeugungen und Urteile zu erleben und weiterzugeben. Von solchen Rationalisierungen wimmelt es z. B. in den so »vernünftigen« Erziehungsmaximen, die von Eltern für ihre pädagogischen Maßnahmen angegeben werden. Da wird ein Kind nicht deshalb verprügelt, weil der Vater über dessen Kritik persönlich gekränkt ist, sondern lediglich aus »altruistischen« Erwägungen heraus. Väterliche Fürsorge zum späteren Wohlergehen des Kindes tarnt rationalisierend die eigene Aggression. Nach vielen bitteren Erfahrungen, die wir – auch als Volk – mit mißbrauchtem »Idealismus« gemacht haben, sind wir auch im Bereich der Gesellschaft und der Politik für Rationalisierungen sensibler geworden. Jeder selbstkritische Mensch weiß aber, wie leicht sich auch individuelle Rationalisierungen anbieten, die im Grunde verkappte Ausreden und Entschuldigungen darstellen und im Extremfall zur Heuchelei und zum Pharisäertum führen. Bei Kindern ist dies oft gut zu beobachten und zu erkennen, da sie noch zu naiv sind, um die Rationalisierungen mit der verschleiernden Raffinesse des Erwachsenen auszugestalten; zugleich bietet sich hier aber auch noch die Möglichkeit, beizeiten der Notwendigkeit zum weiteren Ausbau der Abwehr zu steuern, indem man Verständnis für die eigentlichen Motive des Kindes bezeugt. In der Erwachsenentherapie werden die Rationalisierungen oft besonders deutlich an der Diskrepanz dessen erkennbar, was der Patient zur Begründung seines Verhaltens am Vortag bewußt angibt und was sein Traum dazu an eigentlichen Motiven enthüllt. Auffällig ist auch immer eine besonders sachlich-affektlose oder betont redselig-ausführliche Verhaltensbegründung für Situationen, die normalerweise besonders affektgeladen erlebt werden.

Rationalisierungen werden meist unbewußt zu systematisierten Konstruktionen ausgebaut, die wir *neurotische Ideologie* nennen, die dann zur Grundlage individueller oder kollektiver *Vorurteilskrankheit* werden, die in der Rechtsprechung, in Politik und Kriegsplanung, in der Sexualpädagogik und im gesellschaftlichen Alltag – meist unreflektiert – eine so erhebliche Rolle spielt. Aber auch individualpathologisch entwickelt der Träger einer Neurosenstruktur meist seine strukturspezifische neurotische Ideologie. So stilisiert der Hysteriker gern seine willkürhafte Unverbindlichkeit hinauf zur narzißtischen Plattform besonderer Begabungsvielfalt, der Zwanghafte erlebt seine tiefe Angst vor dem Wandel in den ethischen Superwert Treue um usw. Das eigentlich Bedenkliche daran ist die jeweilige fatale Kehrseite, nämlich die intolerante Verteufelung der anderen, besonders der jeweiligen Minderheiten. Hier entstehen dann – auf Grund eigener unbewußter und daher rationaler Reflexion kaum zugänglicher Probleme – jene dumm-gefährlichen ideologischen Pauschal-Vorurteile über »die bösen Juden«, »die drekkigen Neger«, »die amoralischen Halbstarken«, »die verkalkten Opas« usw., wobei Verdrängung und Projektion kräftig mitspielen. Schultz-Hencke und Dührssen haben darauf hingewiesen, daß der in seinen eigenen Triebmotiven früh Behinderte sich sekundär im Laufe seiner weiteren Entwicklung aus den in seiner kulturellen Umwelt vorliegenden verschiedenen Idealen dasjenige jeweils Passende heraussucht (z. B. Zitate), was sich zur Abstützung der eigenen erworbenen Hemmung durch Verknüpfung mit Wertmaßstäben verwenden läßt. Meist findet er primär diese »Ideale« (oder das explizite Gegen-»Ideal«) innerhalb der Familie, in der er heranwächst und identifiziert sich mit ihnen, um sich vor der gefürchteten Wiederkehr des Verdrängten zu schützen. Dührssen hat insbesondere auf drei Formen und Kennzeichen solcher Rationalisierungen hingewiesen, die in der Praxis besonders häufig begegnen: auf die neurotische »Religiosität«, das neurotische »Philosophieren« und den neurotischen »Ästhetizismus«. Dabei werden keineswegs die entsprechenden gesunden Möglichkeiten in Frage gestellt, sondern das Auge geschärft für ihren maskenhaft ideologisierenden Mißbrauch im Dienst und zur Tarnung der Neurose, der letztlich in die existentielle Unwahrhaftigkeit einer Lebenslüge einmünden kann.

g) Regression

Die Lehre von der Regression beruht auf dem genetischen Aspekt, d. h. auf der Lehre von den progressiven Entwicklungsphasen der Libido in der Kindheit. Unter Regression verstehen wir ein »Rückfließen der Libido« auf genetisch frühere Stufen, die eigentlich schon durchlaufen waren. Auslösender Anlaß ist stets Angstentwicklung im Bereich des höheren Triebimpulses.

Ein Kind, das schon längere Zeit »sauber« war, fängt anläßlich der Geburt eines jüngeren Geschwisters plötzlich wieder an einzunässen. Es regrediert auf eine Entwicklungsphase, in der die Beherrschung der Ausscheidungsfunktion noch nicht nötig war. Auslösend kann der spürbare »Mutterverlust« sein – alle Liebe gilt nun dem Neuankömmling –, abgewehrt werden die reaktive Protestaggression und der Haß auf den Rivalen, was vielleicht noch weiteren Liebesentzug zur Folge hätte. Zugleich mit der Regression kann eine Identifikation mit dem beneideten Geschwisterchen stattfinden: Es benimmt sich durch sein Symptom so wie dieses, regrediert vielleicht zusätzlich noch auf eine lallende Babysprache, zwingt die Mutter aber durch das Symptom auch zu erhöhter Zuwendung (sekundärer Krankheitsgewinn).

Ein anderes Beispiel einer Regression wäre die Abwehr einer aggressiven oder sexuellen Konfliktlage bei einem Erwachsenen durch eine regressiv-orale Phase der Freßsucht, wodurch das Hungergefühl über das physiologische Maß hinaus zur Freßgier gesteigert erlebt wird. Die Angst- und Konfliktspannung wird dann statt im konkreten Austrag auf der genetisch-früheren Mutter-Kind-Ebene beschwichtigt und durch orale Selbsttröstung abgespeist.

Die Regression kann sowohl das Triebleben (Freßsucht-Beispiel, aber auch Entneutralisierung des Triebs, Triebentmischung usw.) wie auch die Ich-Funktionen (Babysprache-Beispiel, aber auch Regression auf primärprozeßhaftes Denken u. dgl.) betreffen, aber auch im Wiederbeleben früherer Objektbeziehungen bestehen, wie z. B. bei dem Pubertierenden, der, von seiner ersten Liebe tief enttäuscht, sich wieder zurück zur Mutter wendet oder ersatzweise statt eines gleichaltrigen Mädchens nun eine ältere mütterliche Freundin sucht.

Meist wird eine Regression durch eine *Fixierung* mitbedingt (und die Regression wird wieder zum Anlaß erneuter Fixierung): Wir verstehen darunter die »Zurücklassung von Libido-Depots auf einer früheren Entwicklungsstufe, während das Gros der Libido vorwärtsschreitet« (Freud). In einem Bild verglich Freud dies mit einem Heerzug, der beim Vordringen in Feindesland an bestimmten wichtigen Stellen ein bewachtes Heerlager zurückläßt, auf das man sich im Fall einer Niederlage wieder zurückziehen kann. Psychologisch gesehen sind Fixierungsstellen Entwicklungsstadien, die durch besonderen Lustgewinn (etwa Verwöhnung) verlockend-soghafte Tönung erworben haben, oder sie sind deswegen akzentuiert, weil sie unorganisch und zu übergangslos beendet werden mußten (abruptes Abstillen). Das Fixierende wäre dann der Nachholbedarf, die nicht genügend ausgekosteten Wünsche und Bedürfnisse.

Sexuell regressive Inhalte müssen oft zusätzlich verdrängt werden, da sie sonst wegen ihres prägenitalen Charakters zur manifesten Perversion führen könnten (mit ein Grund, warum in Träumen so viel »perverse Sexualität« auftaucht). Regression finden wir in Träumen, im Übertragungsgeschehen der Therapie, in Symptomen (z. B. Daumenlutschen), aber auch in bewußten Wunschphantasien und Tagträumereien, wo sie auch suchtartig wuchern können. Phantasie enthebt ja aller konkreten Schwierigkeiten realer Verwirklichung. Einerseits hat sie prospektiv-schöpferische Funktion als Vorentwurf von später Möglichem und kann dann eine gesunde »Regression im Dienste des Ich«, auch im Sinne einer produktiven Utopie, sein. Andererseits hat sie oft pathologisch-regressiven Stellenwert (»Regression im Dienste der Abwehr«), durch ein Schwelgen in illusionärem Wunschdenken und früheren schönen Welten, was bei entsprechendem treibhausartigem Ausbau zu Tagträumereien zu einem ernstlichen Lebensproblem wird, da dies zunehmend die konkrete Realität und ihre mühevolle Bewältigung und Verbesserung durch Eigenaktivität immer verdrießlicher erscheinen läßt – am gesteigerten Wunschmaßstab gemessen – und dadurch sekundär die regressive Rückzugstendenz verstärkt.

h) Verleugnung

A. Freud sieht in der Verleugnung eine Vorstufe der Abwehr. Während bei der Verdrängung ein Stück innerer Realität (z. B. Triebimpuls) aus dem Erleben ausgeschaltet wird, wird durch die Verleugnung ein Teil der (angstmachenden) Außenrealität von der Wahrnehmung ausgeschlossen (Vogel-Strauß-Politik).

i) Ungeschehenmachen

Triebimpulse, die oft nur in der Phantasie bestanden haben, werden durch Handlungen beantwortet, die den vermeintlich angerichteten Schaden wieder beheben sollen, wobei das magische Denken eine große Rolle spielt (Gleichsetzung von Wünschen und Gedanken mit Handlungen). Manche rituelle Handlung läuft nach diesem Muster ab.

k) Isolierung

Dieser Abwehrmechanismus spielt vorwiegend bei der Zwangsneurose eine Rolle; man versteht darunter die Abspaltung von

Affekt und Gefühl bzw. deren isolierte Verdrängung aus einem seelischen Gesamtgeschehen. Dies führt zu einer überbetont »sachlichen« Haltung, da alle übrigen Inhalte bewußt bleiben, lediglich der emotionale Anteil »ausgespart« wird.

l) Wendung gegen die eigene Person

Triebimpulse gegenüber Objekten werden auf das eigene Selbst zurückgebogen (Sonderfall der Verschiebung), was besonders häufig bei Aggressionen der Fall ist. Bei strengem Über-Ich kann sowohl ein Strafbedürfnis mitspielen wie auch eine Identifikation mit dem Objekt, auf das sich der Triebimpuls ursprünglich richtete.

m) Konversion

Hier wird ein vom Bewußtsein her nicht akzeptiertes Trieb- oder Affekt-Motiv in eine körperliche Manifestation umgesetzt, die einen symbolischen Darstellungsgehalt für den verdrängten Konflikt enthält. Sie ist ein psycho-physischer Abwehrmechanismus, der sich auf der Leib-Seele-Einheit aufbaut.
Das klassische Beispiel hierfür ist der (heute seltene) arc-de-cercle-Anfall der psychogenen Epilepsie, der symbolisch ein Coitus-Äquivalent darstellt, genauer gesagt: eine körperlich-symbolische Darstellung unbewußter Sexualphantasien. Mittels Konversion drückt eine hysterische Ohnmacht einen starken unbewußten Hingabewunsch und gleichzeitig Un-selb-Ständigkeit aus. Eine hysterische Blindheit (bei organisch intaktem Sehapparat) kann als Kernproblem ins Körperlich-Funktionelle konvertierte tabuierte Sexualneugier enthalten.
Die Konversion ist neben der Verdrängung ein dominanter Abwehrmechanismus der Hysterie. Sie bedient sich der *autoplastischen* Fähigkeit des Leibes, um Konflikte, die *alloplastisch*, d. h. durch aktiven Einfluß auf die Umweltsituation, nicht lösbar erscheinen, im unbewußten Schauspiel darzustellen (»einzu-bilden«), was freilich nicht mit bewußter Simulation verwechselt werden darf. Konversionssymptome haben meist einen starken Aufforderungscharakter; mit nahezu erpresserischer Finaltendenz wird dramatisch appellativ Leiden demonstriert. Sie wehren je-

doch nicht nur die adäquate Äußerung eines tabuierten Wunsches ab, sondern realisieren auch die Straftendenz des Über-Ich und verschaffen gleichzeitig sekundären Leidensgewinn (Schonung und helfende Zuwendung), eine mehrfach determinierte »Flucht in die Krankheit«. Von der normalen Ausdrucksfunktion (etwa dem Weinen als psycho-physischem Geschehen) unterscheidet sich die Konversion dadurch, daß das korrelative seelische Erleben abgewehrt bleibt, während normalerweise das leibliche Erleben das seelische begleitet, statt es zu vertreten.

Konversionssymptome wurden vor allem von der frühen Psychoanalyse sehr gründlich untersucht: »Unverträgliche Vorstellungen werden dadurch unschädlich gemacht, daß deren Erregungssumme ins Körperliche umgesetzt wird« (Freud). Der Körperteil, auf den die genitale Libido verschoben wird, gewinnt damit unbewußt die Bedeutung eines Genitalorgans, oft unter Mitwirkung der Verschiebung nach oben (Auge und Mund = Vagina; Kopf und Extremitäten = Glied usw.), wird »libidinisiert«, unterliegt aber dadurch der unbewußten Selbstbestrafung durch Funktionshemmung, Schmerzen oder unangenehme Sensationen.

Moderne Autoren versuchen jedoch, den formalen Vorgang der Konversion wieder von der theoretischen Koppelung an ausschließlich sexuelle Inhalte zu lösen, und nehmen an, daß auch für aggressive und prägenitale Inhalte die Konversion als Abwehr eingesetzt werden kann.

n) Sublimierung

Hier werden Es-Impulse im Ich von ihren primären Zielen und Objekten auf ich-gemäßere abgelenkt – ein Sonderfall der Verschiebung –, und zwar auf eine Ebene, die von der Sozietät positiver bewertet wird. Die Motiväußerung wird gewissermaßen veredelt.

So kann ein Kind, das mit Kot schmiert, diese anale Triebbefriedigung sozialisieren, wenn es Gelegenheit bekommt, durch finger-painting Papier zu bemalen (Ansatz zu künstlerisch-schöpferischer Sublimierung) oder im Sandkasten eine Wasserburg zu formen. Ein wegen Krankheit bettlägeriges Kind sublimiert die frustrierten expansiv-motorischen Impulse, wenn es ein Märchen verfaßt »von einem, der immer in die Welt hinauswollte«. Sublimierung oraler Impulse kann im Sprechen und Zuhören, Lesen, im Erlebnis-Hunger vorliegen, Sublimierung analer Impulse im Sammeln (Besitz-Retention), Malen, Modellieren und in Geldgeschäften, Sublimierung aggressiver Impulse in Sport und Kampfspielen, Leistungsdrang, Berufsrivalität; sexuell-erotische Impulse können »delibidinisiert« werden durch Umwandlung in karitative Bestrebungen, in Hingabe an eine abstrakte Idee; Neutralisierung homosexueller Impulse kann zum pädagogischen Eros, zur entsinnlichten Freundschaft und Sportkameradschaft führen – immer hat Sublimierung mit der Transformierung »primitiver« Triebkraft in kulturell höher gewertete und sozial als nützlich angesehene Möglichkeiten zu tun.

Der Begriff der Sublimierung war historisch ein besonderer Anlaß zu polemischer Kritik: Hinter allen Kulturschöpfungen soll im Grunde »nichts als Sexualität« stecken? Sicher ist der Sublimierungsbegriff, vor allem in (unnötiger) Einengung auf sexuelle Impulse problematisch, ist eher Ausdruck von Ich-Funktionen und reifungsgemäßer Neutralisierung (H. Hartmann) von Triebenergie. Andererseits enthüllt die Polemik oft auch eine etwas hochmütige Abwertung des Primitiv-Ursprünglichen und damit des Kindes und seiner Kreativität, was dann auch in Erziehung und Schulsystem manche fatale Wirkungen zeitigt. Es ist auch umstritten, ob Sublimierung als Abwehrmechanismus bezeichnet werden soll, da es sich überwiegend um Reifungsvorgänge und sogar um Reifungskriterien handelt.

Praktisch-wichtig ist jedoch dieser Begriff für die tatsächlich pathologische Abwehr durch Sublimierung. Eine Erziehung, die der Natur im Kind mit zu frühen und zu rigorosen Kulturanforderungen gegenübertritt, erzwingt allzu frühe Sublimierung mit sehr verdünntem Triebanteil, erzielt unschöpferische Ästheten und infantil angepaßte kritiklos Friedfertige, denen alloplastische Kraft, Schwung und jeder schöpferische Elan fehlen. So kann eine frühe Sexualeinschüchterung den Typ des überzärtlichen Ehemannes hervorbringen, der sexuelles Begehren abwehrt, um seine Frau nicht zu »entweihen«, sie dafür um so mehr mit überströmender Zärtlichkeit zudeckt, in der Freud zielgehemmte Sexualität sah. Eine vitalgesunde Frau wird die Angstabwehr hinter dieser zärtlichen »Heiligenverehrung«

ahnen, den Partner seiner pathologischen Sublimierung wegen allmählich verachten und sich einen vital geerdeteren Mann wünschen und suchen. Kennzeichen solch pathologischer Sublimierungen sind meist der ihnen innewohnende Zug von Weltflucht und Vermeidung, der Stich ins allzu Vergeistigte, Überirdisch-Verklärte oder Manierierte bis hin zur morbiden Dekadenz sowie der narzißtische Zug des Edlerseins als die »gewöhnlichen« Menschen. Solche Kultur kann von verschiedenem Niveau sein, vom sentimentalen Kitsch bis zur differenzierten Empfindungs-Ästhetik; es fehlt ihr schöpferische Kraft und vitale Ausstrahlung – sexuelle und aggressive Potenz ist eben nicht echt sublimiert, sondern durch Abwehr verdünnt.

o) Abwehrmechanismen – normal oder pathologisch?

Gerade die Sublimierung wirft nochmals die Frage auf, ob Abwehrmechanismen grundsätzlich pathologisch sind und immer zu krankhaften Folgen führen müssen. Das ist keineswegs der Fall. Ein heranwachsendes Kind wäre ohne die Fähigkeit zur Identifikation nicht entwicklungsfähig. Ohne Regression gäbe es keinen gesunden Schlaf (als vorübergehende Rückkehr in frühere Stadien der Seelentätigkeit). Ohne Sublimierung gäbe es keine Kultur, die wir trotz unseres »Unbehagens« (Freud) in ihr (wegen der unzulässigen direkten Triebbefriedigung) wohl nicht missen wollen. Auch ohne Verdrängung käme wohl kein Mensch aus. Der pathogenetische Stellenwert einer Abwehr kann nur am jeweiligen Einzelfall präzisiert werden, so wie man einem schlafbedürftigen Menschen nicht ohne nähere Kenntnis seiner inneren und äußeren Situation ansehen kann, ob es sich um normphysiologische Müdigkeit nach harter Arbeit oder um neurotische Müdigkeit im Sinne des Ausweichens vor normalen Aufgaben, aber vielleicht angesichts eines selbstüberfordernden Perfektionsanspruchs handelt. Praktisch ist zu fragen, ob die Abwehr dem jeweilig möglichen Entwicklungsstand angemessen ist, wie belastend objektiv die Situation ohne Abwehr wäre (so verleugnen krebskranke Ärzte als Fachleute besonders häufig die Schwere ihrer Krankheit vor sich) und ob die früher notwendige Abwehr nicht inzwischen anachronistisch und überflüssig geworden ist. Grundsätzlich müssen wir immer bedenken, worauf schon Freud hinwies und was die Kulturanthropologie noch deutlicher aufzeigte, daß die Abgrenzung zwischen Norm und Abnormalität wissenschaftlich nicht streng durchführbar ist, da die Normbegriffe starken historischen, gesellschaftlichen und ethnologischen Schwankungen unterliegen. Die praktische Bedeutung dieser Unterscheidung wird durch ihren konventionellen Aspekt relativiert.

Es ist auch versucht worden, in die Vielfalt der beschriebenen Abwehrmechanismen eine chronologisch-genetische Ordnung zu bringen. Identifikation und Projektion gehören zu den frühesten, Rationalisierung zu den späten Abwehrmechanismen. Manche haben neurosenspezifische Zuordnung; so finden wir Isolierung und Reaktionsbildung überwiegend bei der Zwangsneurose, Konversion bei der Hysterie. Der grundlegendste Abwehrmechanismus dürfte die Verdrängung sein, und Waelder meint sogar, daß drei Möglichkeiten: Rückzug aus dem Bewußtsein, Ersatzbefriedigung und Gegenbesetzung genügen, um alle Abwehrphänomene zu erklären.

D. Der genetische Aspekt

1. Die psychoanalytische Entwicklungslehre

Schon bei seinen ersten psychotherapeutischen Behandlungen – damals noch zusammen mit J. Breuer mittels der hypnotischen Methode – erkannte Freud, daß »der Hysterische an Reminiszenzen leidet«. Diese hingen mit seinerzeit traumatisch erlebten sexuellen Ereignissen zusammen, die weder affektiv noch bewußt verarbeitet werden konnten, deshalb unterdrückt wurden, aber in der Hypnose wieder auftauchen und »kathartisch abreagiert« werden können. Die eigentlichen Ursachen der hysterischen Symptome lagen also in der Vergangenheit. Weiter auftauchendes Erinnerungsmaterial der Patienten führte jedoch zu immer früher liegenden sexuellen Ereignissen (oder, wie er später erkannte, Phantasien) bis in die frühe Kindheit, was für Freud zum Anlaß wurde, sich mit den präpuberalen Entwicklungsstadien der Sexualität zu befassen – der Weg zur Entdeckung der »infantilen Sexualität« und ihrer phasenhaften Entwicklung.

Aus diesen empirischen Ergebnissen entwickelte sich der genetische Aspekt der Psychoanalyse und der Tiefenpsychologie. Das jedem Biographen vertraute Prinzip, die Persönlichkeit eines Menschen auch aus frühen Kindheitsprägungen her zu interpretieren, fand nun – in wissenschaftlicher methodischer Form – konsequente Anwendung für jeden einzelnen Patienten in bis dahin einmaliger Sorgfalt. Jedoch stellte sich heraus, daß nicht die spontan erinnerbaren Erlebnisse, sondern gerade die entstellenden Verarbeitungsversuchen unterworfenen, abgewehrten Erlebnisse die dynamisch für den späteren Zustand entscheidenden und wirksamsten waren. *Theoretisch* durch Kombination des topographischen, dynamischen, (später) strukturellen Aspekts mit dem genetischen, *praktisch-methodisch* mittels Traumanalyse, Technik der freien Assoziation und später der Beachtung des Übertragungs- und Widerstandgeschehens ergaben sich verläßliche Wege, die Psychogenese der Neurose rückwirkend wieder aufzurollen, zu rekonstruieren. Leiden und Symptomatik neurotisch Erkrankter erwiesen sich nicht nur von aktuellen Erlebnissen bestimmt, sondern als ein von früher Kindheit an geschichtetes, komplex verwobenes Erlebensgefüge. In jeder Neurose ist daher unverarbeitete Vergangenheit aktuell und gegenwärtig, wenn auch unbewußt und daher nicht ohne weiteres einer Verarbeitung zugänglich.

Die klassische Lehre von regelhaften (sich freilich überschneidenden) Entwicklungsstufen bezog sich auf die libidinöse Triebentwicklung, die nach Freud die orale, anal-sadistische und phallische Phase in den ersten fünf Lebensjahren durchläuft. Abraham und andere haben diese Phasenlehre differenziert. Schultz-Hencke hat trotz seiner Abkehr von der Libidolehre die gesicherten Fakten dieser Phasenlehre übernommen und ergänzend ausgebaut. In ihrer heutigen Form umfaßt die Phasenlehre neben der Triebentwicklung (Es) auch die Entwicklung der Objektbeziehungen und der Instanzen Ich und Über-Ich mit ihren Funktionen. Sie muß die Entwicklungslehre der nicht tiefenpsychologisch orientierten akademischen Schulpsychologie nicht ersetzen noch ihr widersprechen, ergänzt sie jedoch durch Darstellung derjenigen Entwicklungsschritte und -probleme, die dort unterbewertet oder bewußtseinspsychologisch nicht gesehen werden, aber von besonderer Bedeutung für die Neurosenentstehung sind. Von daher gewinnt die Phasenlehre ihren besonderen theoretischen und praktischen Akzent. Sie ist – besonders was die Geschehnisse des ersten Lebensjahres betrifft – weder abgeschlossen noch unumstritten, heute jedoch nicht mehr allein auf Rekonstruktionen in analytischen Behandlungen angewiesen, sondern auch durch beweiskräftigere langfristige Direktbeobachtungen an Kindern von Geburt an – unter psychoanalytischen Gesichtspunkten – gestützt. Teils durch biologische Fakten und Entwicklungsprogramme gesetzmäßig fixiert, teils durch spezifische soziokulturelle Fakten historisch und ethnographisch variabel, ist sie zumindest für unsere westliche Kultur in der vorliegenden Form für das Verständnis des Kindes unentbehrlich und für die Einsicht in die Spezifität der Neurosenentstehung besonders fruchtbar geworden.

Bei Geburt hat das Kind bereits einen langen embryonalen Entwicklungsweg hinter sich. Es wächst, noch eng mit dem Organismus der Mutter verbunden, ja als dessen Teil, in intrauteriner Geborgenheit heran. Dennoch kann es bereits hier schon entwicklungsstörenden Einflüssen ausgesetzt sein. Krankheiten der Mutter können den Foetus und den Embryo in bestimmten Entwicklungsphasen schädigen (Embryopathie), ohne daß wir von Erbfaktoren reden dürfen (z. B. Röteln der Mutter können in den ersten drei Monaten zu Organmißbildungen des Kindes führen). Aber auch psychische Einflüsse wirken über die Mutter auf das Kind ein, nicht im Sinn alten Aberglaubens (Erschrecken der Mutter erzeuge Muttermale u. ä.), wohl aber wissen wir, daß der Embryo auf starke Außengeräusche reagiert und mütterliche Affekte, wohl hormonal, auf den Embryo übertragen werden können. Im Augenblick der Geburt ist das Neugeborene folgendermaßen »ausgestattet«:

a) durch das Erbgut (Gene, verankert in den Chromosomen), zu dem auch die angeborenen Reflexe, angeborene Verhaltensweisen und -programme gehören,
b) durch die möglichen Folgen der intrauterinen Einflüsse während der Schwangerschaft,
c) durch eventuelle Traumen beim Geburtsakt (Verletzungen, intrakranielle Blutungen bei komplizierten Geburten usw.).

Mit Eintritt in sein eigenes, nun biologisch mit einsetzender Lungenatmung von der Mutter getrenntes Leben beginnt die *intentionale Phase* (Schultz-Hencke). Riemann hat die Bezeichnung *sensorische Phase* vorgeschlagen. Ihr Leitthema ist die Ausbildung des ersten gerichteten Kontakts zur Umwelt. Spitz hat dies – unter dem Aspekt der klassischen Libidolehre – in seinem Werk *Die Entstehung der ersten Objektbeziehungen* beschrieben. Zugleich ist die Geburt aber auch der Beginn der *oralen Phase*, deswegen so genannt, weil als erste sinnenhaft-leibliche Beziehung das lustvolle und funktionell-lebenserhaltende Saugen (Mund lat. os) einsetzt. Beide Phasen verlaufen viele Monate gemeinsam, ihre theoretische Trennung beruht auf inhaltlich differenten Entwicklungsakzenten, deren Störung neurosenstrukturell zu verschiedenen Folgen führt. Die entscheidende

Bezugsperson dieser Phasen ist die Mutter bzw. diejenige Person, die faktisch mit dem Neugeborenen umgeht.

3. *Die Entstehung der ersten Objektbeziehungen*

Vor allem dem Lebenswerk von Spitz ist es zu verdanken, daß wir wesentliche Einblicke in die Stadien haben, die ein Kind durchläuft, bis es eine klare unverwechselbare Vorstellung von der Mutter als seinem ersten Bezugsobjekt gewinnt. Spitz unterscheidet zwei Stadien:

0–3 Monate: *objektlose Vorstufe*, die mit der Bildung der Objektvorstufe endet (Ausbildung des Lächelns),

3–8 Monate: Phase der *Objektvorstufe* bis zum Auftreten der »Acht-Monats-Angst« (Fremdeln).

In der Phase der objektlosen Vorstufe ist das Kind durch eine hohe Reizschwelle gegen Wahrnehmung massiver Außenreize geschützt. Seine Reaktionen sind großenteils Reflexreaktionen. Um den achten Tag etwa beginnt das Kind jedoch auf Signale zu reagieren, die durch die Tiefensensibilität vermittelt werden, vorwiegend auf Gleichgewichtsreize. Bis zur achten Woche erkennt der Säugling das Signal der Nahrung (die eingeführte Brustwarze) nur, wenn er hungrig ist: Umweltwahrnehmung hängt mit unbefriedigtem Triebanspruch zusammen – der Trieb führt zu Wahrnehmung und damit zu erlebter Umwelt. Beim Stillen verfolgt der Säugling das Gesicht der Mutter, fixiert es und nimmt im oralen Vollzug auch physisch das Gesicht der Mutter in sich auf: Nahrung und Mutter fallen im Erleben zusammen. Spätestens um den dritten Monat herum beginnt das Kind, als erste aktive, gerichtete und intentionale Kundgebung, mit Lächeln zu antworten. Erstmals gelingt es ihm, aus dem Chaos der Dinge ein sinnvolles Element auszusondern. Es handelt sich zunächst aber lediglich um eine Signalwahrnehmung: Wie Spitz gezeigt hat, lächelt das Kind nicht nur die Mutter, sondern auch andere Personen, ja auch eine beliebige Maske an, die Stirn, Augenpartie und Nase enthält, jedoch nur, wenn sie frontal gezeigt wird. Das bedeutet aber immerhin, daß das Kind sich vom ausschließlichen passiven Empfang innerer Sensationen (Leibreize) dem von Außenreizen zugewandt hat, ein erster Schritt von Passivität zur Aktivität. In der Sprache der Libidotheorie: das Kind beginnt, Objekte mit Libido zu besetzen und damit Bildvorstellungen zu erleben.

Erst um den sechsten Monat herum beginnt sich die *diakritische Wahrnehmung*, die Unterscheidungsfähigkeit, mehr und mehr zu entwickeln. Der Säugling lächelt nicht mehr jeder Person zu, sondern unterscheidet Freund und Fremd. Um den achten Monat (manchmal früher) beginnt es zu »fremdeln«. Diese *»Acht-Monats-Angst«* bedeutet, daß das Kind nun *intrapsychisch* unterscheiden kann, ob das wahrgenommene Gesicht mit dem nunmehr stabil errichteten inneren Erinnerungsbild der (äußerlich abwesenden) Mutter identisch ist oder nicht, eine der wichtigsten intellektuellen Frühleistungen: Das Kind verfügt nun über die Mutter als festgefügtes, affektiv und emotional getöntes Bild im Innern, es hat eine feste *Objektbeziehung* erreicht. Die »Angst« beim Fremdeln ist daher nicht eine Folge erlebter Unbill seitens des Fremden, nicht Furcht aus äußerer Erfahrung, sondern ein normales Kriterium nunmehr entwickelter Unterscheidungsfähigkeit, dessen Ausbleiben Retardierung bedeutet.

Diese Ausbildung einer Ich-Funktion, nämlich der Wahrnehmung und des Gedächtnisses, erfolgt im Zuge der Triebbefriedigung beim Gefüttertwerden. Bevor wir uns diesem oralen Thema näher zuwenden, betrachten wir die weiteren Befriedigungserlebnisse des Säuglings infolge des *intentionalen Antriebserlebens* (Schultz-Hencke).

4. Erster Kontakt über Haut und Tiefensensibilität

Während die frühe Psychoanalyse vorwiegend an die oralen Lusterlebnisse des Säuglings dachte, hat man die ebenso wichtigen Grundlagenerlebnisse theoretisch vernachlässigt, die das Kind über die Haut, die Tiefensensibilität und die Sinnesorgane erfährt (sensorische Phase, Riemann) und die entscheidend für die Ausbildung des intentionalen Kontaktstrebens des Kindes sind. Damit es wagen kann, seine ersten Kontaktfühler in die umgebende Welt, an die es abhängig ausgeliefert ist, tastend vorzustrecken, muß ihm diese im Sinne eines »seelischen Uterus« adäquat entgegenkommen. Portmann sprach – im Vergleich mit der viel besseren Instinkt-Ausstattung des Tierbabys – von der physiologischen Frühgeburt beim Menschen, die im »extrauterinen Frühjahr« einer die biologische Geburt überdauernden seelisch-sozialen Gebärmutter bedarf. Wichtig sind hierbei: gleichmäßige Ruhe unter Beachtung des biologischen Eigenrhythmus des Kindes, reichlicher Hautkontakt, wie er bei der Kindpflege (Baden, Wickeln, Pudern) und den begleitenden Zärtlichkeiten stattfindet, tiefensensorisch wahrgenommene Sensationen (Gewiegtwerden, Rhythmus, Muskelspannungen), insgesamt vieles, was sich nur vage mit Atmosphäre und seelisch-Klimatischem umschreiben läßt. Die Mutter entwickelt schon in den letzten Schwangerschaftsmonaten hierzu bestimmte Fähigkeiten wieder, die normalerweise beim Erwachsenen zurückgetreten sind, das sog. *coenästhetische Erleben*, ganzheitliche Wahrnehmungen, die mehr über das autonome als über das Zentralnervensystem verlaufen, und das der Wahrnehmungsstufe des Säuglings vor Ausbildung der diakritischen Wahrnehmung entspricht. Dies ermöglicht der Mutter, sich intuitiv auf die Bedürfnisse des Säuglings einzustellen, sie zu erfühlen und zu erahnen, in der nahezu telepathischen Fähigkeit »primärer Mütterlichkeit« (Winnicott), die Vätern meist verschlossen bleibt. Diese zurückgewonnene Fähigkeit ist Voraussetzung für die Dual-Union Mutter-Kind (Dyade), die für eine gesunde intentionale Entwicklung des Kindes von größter Bedeutung ist. Spitz spricht von einer *anaklitischen* (anlehnenden) Haltung des Säuglings, dem die *diatrophische* (nährende und umsorgende) Haltung der Mutter entgegenkommt. Diese mit feinen Antennen die Bedürfnisse des Kindes erahnende Fähigkeit ist eine Fortsetzung der Schwangerschaft insofern, als das Kind seitens der Mutter noch als (narzißtisch) einfühlbarer Teil ihrer selbst erlebt wird, Grundlage des »Mutterinstinkts« (der nach Lorenz durch das »Kindchen-Schema« als angeborenem Auslöser fundiert wird). Die Fähigkeit einer »instinktsicheren« Mutter, *die Motive der Unlustäußerungen des Säuglings richtig zu interpretieren*, ermöglicht – neben der allmählich entstehenden Objektkonstanz – dem Kind das Grundgefühl des Geliebt- und Verstandenseins, die Basis für das »Urvertrauen« (Erikson), das für alle Weiterentwicklung den notwendigen Kredit liefert. Auf dieser Matrix der Geborgenheit entfaltet sich die intentionale Liebesfähigkeit des Kindes, die

zunächst – als »primäre Liebe« (Balint) – noch ganz »egoistisch« ist, sich lediglich in der intentionalen Zuwendung darlegt, aber noch völlig des passiv-Versorgtwerdens bedarf.
Störungen dieser Phase ergeben sich durch schwerere Konflikte in dieser Dual-Union. Überwiegend intellektuell-rational ausgerichtete Frauen oder solche, die schwerere Störungen in ihrer eigenen Mutter-Kind-Beziehung erlitten haben, können mit den Bedürfnissen des Säuglings wenig oder gar nicht intuitiv in der beschriebenen Weise korrespondieren, ebenso diejenigen Mütter, die ihre Weiblichkeit konflikthaft erleben und daher auch ihr Kind nicht aus der Tiefe voll bejahen können. Auch ist Freude an der eigenen kreatürlichen Triebhaftigkeit eine Voraussetzung, um sich der noch ganz primitiven Bedürfnisse des Säuglings mit allen Sinnen erfreuen zu können. Es ist aber auch notwendig, daß die Mutter selbst sich eingebettet fühlen kann in eine soziologische Geborgenheit (bejahende Einstellung der Familie, soziale und juristisch geschützte Anerkennung des Mutter-»Berufes«). Neben den vielfältigen individuell-mütterlichen Störungsfaktoren ist aber auch an biologische und exogen-schicksalhafte Traumata dieser Phase zu denken: Waisen-, Heim- und Klinikkinder, deren Lebensbeginn durch intentionale Störungen infolge früher Trennungen, z. B. Tod, längerer Klinikaufenthalt oder Krankheit der Mutter, Scheidungsauswirkungen usw., charakterisiert ist. Das moderne »rooming-in«, das bereits in manchen Kinderkliniken ermöglicht wird, soll die Schäden früher Trennung von der Mutter in dieser Phase wachsender Objektkonstanz vermeiden.
Die Folge solcher Störungsmöglichkeiten sind mehr oder weniger massive Mikrotraumata, die, gehäuft und täglich wiederholt, dazu führen, daß das intentionale Streben auf ruhestörende Überwältigung (überängstliche Mütter, die dauernd nachsehen, ob das Kind noch atmet; überaktive Mütter, die dauernd mit ihm was machen müssen), irritierenden Wechsel (Stimmungsschwankungen einer launischen, angstzerrissenen oder gar psychotischen Mutter), falsche Interpretationen oder völlig in gleichgültige Leere stößt. Die Kontaktfühler werden dann zurückgezogen, die sich anbahnende Objektbeziehung wird unterbrochen, der Ansatz zum grundlegenden Lebensgefühl des *Ur-Mißtrauens* leitet die Entstehung einer späteren schizoiden Neurosenstruktur

ein. Wenn auch oft in Zusammenhang mit Erbfaktoren entstehen hier – umweltbedingt – auch die Keime späterer Psychosen.

5. *Der Hunger und seine Folgen*

Gleichlaufend mit den beschriebenen Entwicklungsschritten, deren Hauptergebnis das Grundgefühl des Urvertrauens, die Errichtung einer Objektkonstanz und erste Ausbildung der Ich-Funktionen sind, läuft das *orale* Triebgeschehen, das Freud seinerzeit vorwiegend im Auge hatte: Hunger, Durst, Gestilltwerden an der Brust oder durch die Flasche. Die tiefen und immer erneuten Lusterlebnisse betreffen hier nicht so sehr die Haut als Kontaktorgan, sondern das Körperinnere und die erogene Zone der Mundschleimhaut, an der sich ja auch das über den Hunger hinausreichende orale Überschuß-Bedürfnis im Schnullen, Nuckeln und Lutschen abspielt. In Anlehnung an die oralen Bedürfnisse wird die Mutterbrust mit Libido besetzt und freudig erwartet. Liebe geht in diesem Stadium noch ganz »durch den Magen«, das Kind hat die Mutter bzw. die Brust »zum Fressen gern« (orale Liebe). Der orale Partialtrieb dominiert, das Haben-Wollen schlechthin, ursprünglich das Bekommen (oral-passiv bzw. oral-rezeptiv), später (Zahnentwicklung!) das Sich-Nehmen (oral-aggressiv). Einverleiben, in sich aufnehmen, sich mit guter Nahrung anfüllen, später zubeißen, zupacken, zerstückeln und kleinkriegen sind die entscheidenden Erlebnisdominanten.

Da bei zunehmender motorischer Entwicklung auch die Hand in diesen Funktionskreis eingegliedert wird, die zunächst noch alles in den Mund führt, hat Schultz-Hencke begrifflich erweiternd von einer *oral-kaptativen Phase* gesprochen. Diese »Munderotik« und Greifwelt ist die erlebnismäßige und funktionale Grundlage des Besitzstrebens (s. auch anale Phase). Wegen der einverleibenden Qualität hat man auch von einem »kannibalistischen Stadium« gesprochen: Das Kind verleibt sich täglich »Teile der Mutter« (konkret Muttermilch, psychologisch Äußerungen ihrer Zuwendung, ihr Bild) ein und nimmt dadurch an Kraft zu. Analog der magisch-religiösen Vorstellung der Menschenfresser, sich damit die Kraft und die seelischen Qualitäten ihrer ja nicht nur aus Hunger verspeisten Opfer einzuverleiben, hängen Wachstum und Gedeihen von diesen täglichen Akten leiblicher »Kommunion« mit der Mutter ab.

Für die emotional-affektive Entwicklung, die ja Triebgeschehen stets begleitet, bedeutet dies: erste Aneignung und verinnerlichte Aufnahme der Welt über bloßen Berührungskontakt hinaus. Das Kind fühlt sich nicht nur heimatlich-vertraut-umhegt (intentionale Phase), sondern erlebt die Welt in schenkender Fülle, die im Genießen von außen nach innen gelangt und zum unverlierbaren Besitz wird. In der aktiveren Spätphase wird das passive Wartenmüssen abgelöst durch das Nehmen, Bewältigen, Verarbeiten, durch Kauen und Beißen adäquat Umformen und Assimilieren; durch die manuelle Funktion ergibt sich größere Selbständigkeit des Ausgriffs, die Welt weitet sich und kann herangeholt werden, wird hand-hab-bar, be-griffen und kann manipuliert werden. All dies ist begleitet vom Erlebnis steigenden Eigenmachtgefühls.

So »paradiesisch« diese Phase ist, so ist sie doch nicht frei von Frustrationen und aggressiven Reaktionen. Die beste Mutter kann nicht jedes Bedürfnis nach dem Lustprinzip voll erfüllen, das Realitätsprinzip macht sich geltend. Die unvermeidbare orale Frustration jedoch ist ein wichtiger Motor der weiteren Ich-Entwicklung, nämlich für die Möglichkeit, Selbst und Nicht-Selbst, Subjekt und Objekt unterscheiden zu lernen. Ursprünglich werden alle negativen Sensationen projiziert und der Außenwelt zugeordnet (»Lust-Ich«); nunmehr, nach Bildung eines festen Objekts (Acht-Monate-Angst), erlebt das Kind, daß es *dieselbe* Mutter ist, die einmal Befriedigungen vermittelt (»gute Mutter«), die aber auch Versagungen verursacht (»böse Mutter«). An seinem ersten Objekt erwirbt das Kind nun ein »Real-Ich«: Die Welt zerfällt nicht mehr illusionär in eine total gute (innere) und eine total böse (äußere) Welt, sondern dieselbe Mutter-Welt ist es, an der die realitätsgerechte Unterscheidung von Ich und Außenwelt (und deren verschiedener Eigenbedürfnisse) sich konstelliert. Zunächst hilft sich das Kind noch durch »halluzinatorische Vergewisserung«, etwa durch Nuckeln am Schnuller als Brust-/Flaschen-Ersatz über die Objektverlustangst hinweg, ein erster Versuch zur Überwindung der Lücke zwischen Gegenwart und Zukunft, zur Herstellung eines Zeit-Kontinuums, der Dauer.

Aber nicht nur äußere Frustration, auch das grundsätzliche Problem der oralen Ambivalenz steht dem Verlangen nach ewig dauernder Lust im Wege. Es besteht darin, daß das Kind einerseits die Brust einverleiben möchte, um sie für immer zu haben, sie zugleich damit aber zerstören würde (»you can have your cake or eat it« oder: man kann die Kuh nicht zugleich schlachten und melken). Die dabei auftauchenden aggressiven Regungen sind jedoch, falls es sich nicht um unerträglich große Spannungen handelt, fruchtbar, einmal um die Ich-Funktion des Gedächtnisses, der Wahrnehmung und des »Spannungsbogens« (Künkel) weiterzuentwickeln (Realitätsprinzip), andererseits um Entfaltungsimpulse zum »Verlassen des Paradieses« zu geben, zum Verlassen der Symbiose, ohne welchen Entwicklungsschritt keine künftige Selbständigkeit möglich würde. Im Normalfall gelangt das Kind auf dem Boden des Ur-Vertrauens und durch seelisches Einverleiben (und sich-Verläßlich-Machen des Mütterlichen) zu dem Grundgefühl, daß trotz aller Frustrationen und notwendiger Haßerlebnisse doch ein verläßliches und geliebt-liebendes Du vorhanden ist. Nur auf der Grundlage erlebter *Bindungsfähigkeit* ist eine relativ angstfreie Entfaltung normalen Besitzstrebens und eines grundlegenden Lebens-Optimismus möglich.

Störungen: Auch diese Phase ist wie jede andere möglicher Ansatzpunkt zu einer Fülle spezifischer Störungen, von denen nur die wichtigsten skizziert werden können. Schultz-Hencke hat von zwei (sehr vereinfachten) grundsätzlichen Störungsfaktoren gesprochen: *Verwöhnung* und *Versagung*. Letztlich zeigt sich freilich, daß auch Verwöhnung stets Versagung beinhaltet: sie verhindert nämlich die Reifungsansätze für die nächste Phase.

Versagung in der oralen Phase kann z. B. eine zwanghafte Pflichtmutter setzen, die schematische Prinzipien einhält, die wichtiger werden als die jeweils aktuellen kindlichen Bedürfnisse (z. B. exakter Still-Fahrplan nach theoretischen Vorschriften), wobei das Kind unversehens zum Objekt abstrakter Regeln wird. Massivere Versagungen sind grundsätzliches Hungernlassen nachts, gröberes emotionales Unbeteiligtsein der Mutter beim Stillakt (wenn eine Frau z. B. dabei Kreuzworträtsel löst!) oder spezifische, meist unbewußte Haltungen, die aus der Angst herrühren, vom Kind »ausgesogen« zu werden (retentive Haltung). Es ist für den Säugling von großer Wichtigkeit, ob das Füttern im Grunde in ein zärtlich-emotionales und auch verbales Verbundensein mit dem Kind, auch über Hautkontakt, eingebettet ist, was letztlich wichtiger erscheint als die Frage: Brust oder Flasche. Situative oder chronische innere Erregungen der Mutter, etwa aus einem Ehekrach oder aus Existenzsorgen her, teilen sich dem Kind irritierend mit, was in Grenzen wohl zu den unvermeidlichen Frustrationen gehört. Spitz hat jedoch verschiedene Mutterhaltungen und spezifische Folgen für das Kind beschrieben, durch Filme belegt und ist dabei zu kausalen Zusammenhängen zwischen massiveren »psychotoxischen« Einflüssen und funktionellen Störungen beim Kind gekommen. In schwereren Fällen kann dies sogar (z. B. bei Heimkindern mit zwar guter hygienischer Versorgung und kalorienreicher Verpflegung, aber unzureichender »Affekt-Zufuhr«) zu teils irreparablen Schäden (anaklitische Depression), ja selbst zum Tod aus psychischen Gründen führen, Krankheitsbilder, die bereits der Münchener Kinderarzt Pfaundler als *Hospitalismus* beschrieben hat. Hier liegen dann Mischstörungen intentional-oraler Art vor.

Versagungen durch »instinktunsichere« Mütter können zu Mißverstehen der Unlustsignale des Kindes führen. Eine selbst oral fixierte Mutter kann z. B. jedes Schreien als Hunger fehlinterpretieren und (»verwöhnend«) mit Füttern beantworten, obwohl die Unlustquelle in Nässe, Kälte, Überwärmung, motorischer Einengung oder Alleinsein liegt. Hier kann ein falscher Lernprozeß in Gang gesetzt und durch Identifikation verstärkt werden: Solche Kinder lernen, alle Impulse als »oral« zu erleben und auch später Unlust und andere Triebimpulse durch Essen »abzuspeisen« (Ansatz zu psychogener Fettsucht).

Auch direkte Verwöhnung, z. B. ein übertriebenes »self-demand-Prinzip«, bei dem die Mutter beim kleinsten Wunschappell diensteifrig sofort besten oralen Service bietet, kann zu oral-passiver Fixierung führen. Übertrieben ängstliche Besorgnis der Mutter (meist Abwehr unbewußter aggressiver Regungen) wird nicht selten durch aufgedrängtes Überangebot im Sinn einer oralen Vergewaltigung abreagiert, was dem zum Objekt degradierten Kind die Oralität mit aggressivem Zündstoff auflädt.

Der orale Erlebnisbereich kann auch noch in den späteren Phasen (Geschenke, Taschengeld usw.) erstmals oder in Fortsetzung gleichsinnig gestört werden. Bei überwiegenden Versagungserlebnissen bilden sich die Strukturansätze der depressiven Neurose aus. Bei Verwöhnungen können die Fixierungen zu Bequemlichkeitsstrukturen (Schlaraffenphantasien) und zur späteren Sucht verschiedenster Formen führen, wobei sich die Erfahrung von vereinzelten oralen Verwöhnungsinseln bei sonstiger emotionaler Vernachlässigung besonders prekär auswirken kann.

6. Das Töpfchen schafft eine neue Weltordnung

Während die Erlebnisinhalte der oralen Phase relativ gut einfühlbar erscheinen, stößt das Verständnis der *analen Phase* oft auf erhebliche Schwierigkeiten. Das liegt u. a. daran, daß dieser Bereich für den Erwachsenen in unserer Kultur meist sogar tabuierter als die Sexualität ist, daß die analen Vorgänge mit Scham und Ekel behaftet und wegen dieser Abwehr auch der bewußten Bemühung um Einfühlung schwerer zugänglich sind.

Diese Phase, die etwa um das Ende des ersten Lebensjahres einsetzt, ist vom Aspekt der Libidoentwicklung her dadurch gekennzeichnet, daß als erogene Zone nun der After bzw. der Enddarm mehr in den Erlebnismittelpunkt des Kindes rückt. Hier spielen sich Lusterlebnisse von drängendem Charakter ab, die spezifische Grunderfahrungen vermitteln und das sich entwikkelnde Wesen des Kindes weichenstellend prägen.

Von außen her wird der anale Schwerpunkt dieser Phase in unserer sozio-kulturellen Umwelt dadurch akzentuiert, daß das Kind nun allmählich der Reinlichkeitserziehung unterzogen wird. Von da her erhalten die Ausscheidungsvorgänge und insbesondere der After (Anus) ihre exogene Akzentuierung.

Psychologisch-qualitativ können wir etwa sechs zentrale, neurosengenetisch getrennte Erlebniskategorien unterscheiden, die zugleich an Aufgaben geknüpft sind, die das Kind in unserer Kultur in diesem Alter zu lösen hat:

a) *Die Akzentuierung des Zwiespalts: hergeben/schenken – verweigern/behalten:* Bezüglich des *Besitzstrebens* lautet das oral-passive Motto: je mehr ich geschenkt bekomme, um so mehr habe ich; das oral-aggressive Motto: ich bin nicht passiv abhängig, ich kann mir etwas nehmen; das anale Motto: ich kann meinen Besitz dauernd machen, wenn ich von dem, was ich in mir habe, nichts hergebe. Bekomme ich wenig und darf ich mir nichts nehmen, so kann ich doch wenigstens das, was ich habe, zurückhalten und so be-sitzen. Bekomme ich genug und darf und kann ich mir auch selbst nehmen, so kann ich auch hergeben und schenken. Das anale Motto kann aber auch durch entsprechende Erfahrungen pathologisch verzerrt werden: ich darf nichts für mich behalten, ich werde ausgebeutet, muß mich dem aber beugen gegen meinen eigentlichen Willen, sonst verliere ich die Liebe der Mutter. All diese hier in bewußte Formulierungen präzisierte subjektive Erfahrungskonzentrate des Kindes in der analen Phase sind prägend für das spätere Erleben und Umgehen mit dem Besitz, dessen anale Frühstufe die Exkremente sind. Diese haben einen besonderen Stellenwert im kindlichen Erleben, weil sie als ein Teil des eigenen Körpers, als Eigen-Substanz, die man »machen« kann, nun bewußter erlebt werden, weil zweitens ja auch die Mutter dieser Eigensubstanz sehr viel Interesse zuwendet, sie anerkennend begrüßt (im Volksmund heißt der kindliche Stuhlgang in bestimmten Gegenden »Geschenkchen«), weil drittens das Kind aber auch reaktiv ihn als ersten verfügbaren inneren Eigenbesitz gegen die Hergabeforderung zurückhalten kann, was seinen subjektiven Wert erhöht. Diese dem Erwachsenen emotional schwer ohne weiteres nachvollziehbare Wertschätzung der Exkremente ist im Unbewußten der Menschheit tief verankert, als unbewußte symbolische Gleichung: *Kot – Gold – Geld*. In babylonischen Mythen ist vom Gold als dem Kot der Hölle die Rede, und die Inkas bezeichneten das Gold als Götter-Kot. Der Dukaten-Scheißer und das Märchen vom Esel-streck-dich sind allgemein bekannt. Das Wort »Stuhl« meint doppelsinnig den Kot, aber auch das, was man be-sitzt, und daß Geld schmutzig sei (weshalb es der Ästhet im Kuvert überreicht), ist eine häufige Redensart, die bekanntlich nicht ausschließt, daß es dennoch sehr hoch geschätzt wird (»nicht stinkt«). Die tatsächliche Existenz dieser Gleichung wird jedoch nicht nur historisch und sprachlich, sondern am deutlichsten durch unsere aktuellen Träume belegt, die, durch Besitz- und Geldkonflikte ausgelöst, diese Thematik in analer Szenerie bildhaft bearbeiten.

Verständlich wird dies, wenn man bedenkt, daß vom Standpunkt der Entwicklung der Objektbeziehung her der Darminhalt das Triebobjekt dieser Phase ist. Die vom »Körperteil« Stuhl ausgehende Lust, etwa bei der Defäkation oder Retention, ist eine autoerotische, gewonnen durch Reizung der Afterschleimhaut als erogener Zone. Während jedoch in der oralen Phase die Lustbefriedigung weitgehend von der Mutter abhängt, ist das Kind bezüglich analer Lust autonom, und die Mutter kann eher als eingreifender Störenfried, als Angreifer, erlebt werden. Aus mancherlei Gründen kann aber unbewußt auch das orale Triebobjekt Mutter mit diesem neuen, dem Darminhalt, identifiziert werden, der damit auch zum Objekt der Ambivalenz werden kann, was für das aggressive »Ausstoßen der bösen Mutter« als unbewußte Phantasie mit entsprechenden funktionellen Folgen wichtig wird, z. B. zum Verständnis mancher kindlicher Klo-Ängste und entsprechenden magisch-unheimlichen Phantasien über das Klo.

Das Besitzstreben erhält hier daher einen zweiten Akzent gegenüber dem oralen Aspekt: gegen die Hergabe-Forderung taucht die Möglichkeit des Nein-Sagens, der Verweigerung, des *Retentiv-seins* auf. Dieses Machtgefühl ist um so stärker, als die Eltern dem retentiven Kind gegenüber relativ ohnmächtig sind. Diese *anal-aggressive* Komponente *reaktiven Neinsagens* (Ansatz zum Trotz) macht das Kind unabhängiger. Von jetzt an müssen die Eltern mit dem Eigen-Willen des Kindes rechnen (dieses Machterleben macht das Töpfchen zum »Thron«), aber auch mit dem Eigen-sinn, durch den die notwendige Trennung der Mutter-Kind-Einheit als Ansatz zur Eigenindividualität eingeleitet wird.

b) *Die Akzentuierung des Zwiespalts: sich gehen lassen – sich beherrschen und »zusammennehmen«:* Diese Antinomie leitet die Fähigkeit oder Notwendigkeit zur Selbstkontrolle ein. Bisher durfte sich das Kind den exkretorischen Impulsen überlassen, wann es wollte, jetzt wird erstmals vom Kind gefordert, sich zu kontrollieren, zu beherrschen und sich wörtlich (auf die Ringmuskulatur des Anus bezogen) »zusammenzunehmen«. Spätere Disziplin lustvollen Triebimpulsen gegenüber baut unbewußt auf diesem Grunderlebnis auf, das daher einen frühen Über-Ich-Keim (»Sphinkter-Moral«) vermittelt.

c) *Konfrontation mit den Kategorien der Ordnung und der Zeit:* Erstmals werden seitens der Eltern klarere Gebote und Verbote an das Kind herangetragen: Zu bestimmten Zeiten soll defäziert werden, zu anderen nicht, Ordnung und Sauberkeit werden gefordert gegen urtümliche Schmutzlust; die unbekümmerte Kinderwelt wird zunehmend erlebbar durchsetzt mit Erwachsenenkategorien, mit Kulturforderungen, und für manchen geht in dieser Phase das Natürlich-Kreatürliche für immer an einer frühen und rigorosen Abwertung seitens der Eltern unter und wird zum »inneren Ausland«. Diese Kulturforderung benötigt viel Zeit, Liebe und Geduld; hier kann es zu ersten großen Machtkonflikten zwischen Mutter und Kind kommen, denn das Kind kann nun wählen, daher auch ambivalent schwanken; erste Entscheidungen, aber auch erste Zweifel bahnen sich an: Bin ich gut oder bin ich böse? Ist das, was aus mir kommt, gut oder schlecht (was sich später im weitesten Sinn auf Worte und Gedanken, die man ebenso »ausdrücken« kann, verlagert: Mache ich auch hier nur »Mist«?)? Die quälend-ambivalenten Selbstzweifel der Zwangsneurose haben hier ihren Ansatz. Die Verlust-Angst (ein Nachfahre der totaleren Trennungsangst) kann hier besonders mächtig werden, wenn man – was zeitlich in dieser Phase erstmals möglich wird – die Mutter an die Konkurrenz eines kleinen Geschwisters verliert. Mutter- und Substanzverlust können sich koppeln und sich mit dem Haß gegen das Geschwisterchen vereinen, das sich anal noch gehen lassen darf und daher wahrlich eine »schmutzige Konkurrenz« darstellt. Normalerweise wird jedoch die reifende Distanz zum Objekt und das Trennen durch das kaum endende Spiel eingeübt, Gegenstände aus dem Bettchen zu werfen und »Verstecken und Wiederfinden« zu trainieren.

d) *Erstes deutlicheres Erleben, aus sich heraus produzieren und »machen« zu können:* Der Leistungsstolz des aktiven Kraftgefühls bei der Defäkation spiegelt sich in den Augen der lobenden Mutter und vermittelt dem Kind das Gefühl des produktiv-Schöpferischen, ein Urbild des Gebärens. Dazu kommt, daß das Kind mit dieser Substanz wiederum formen und gestalten könnte, was bald durch feuchte Sandklumpen, Plastilin, Ton usw. abgelöst wird. Wie ein kleiner mythologischer Schöpfergott kann das Kind nun Dinge und Menschen »aus Lehm« erschaffen und sie (in der Spielphantasie) beleben. Insofern liegt im analen Bereich ein Ursprung alles schöpferische Gestalten und späterer Produktionen, die, sublimiert, die ursprünglich anale Ebene verlassen (modellieren, malen, schreiben usw.).

e) *Erster Ansatz (anal-)aggressiver Möglichkeiten:* Das Kraftgefühl des Kotausdrückens kann, reaktiv verstärkt durch den aggressiven Protest gegen die Kulturforderung, im Beschmutzen und Besudeln zu anal-aggressiven Möglichkeiten von größerer Wirksamkeit den Eltern gegenüber den Charakter des »Scheißens« erhalten, der in vielen Vulgärwörtern noch so spürbar vital enthalten ist. Freilich ist es noch eine Aggression »hinten herum«, »hinterfotzig«, noch keine offene nach vorn. In Anlehnung an anale Gerüche spricht man ja auch bei heimtückischen Verbalaggressionen von »stänkern«. Dieser *aktiven* Analaggression steht die *reaktive* des analen Trotzes gegenüber, die ein organsprachlich formuliertes Nein gegen die Gefügigkeitsforderung seitens der Eltern darstellt.

f) *Rückzugsmöglichkeit auf die eigene Intimität:* Mit der Verborgenheit des Afters, der für ein Kind ohne Hilfsmittel bei sich selbst nicht in den Blick zu bekommen ist, hängt es zusammen, daß der anale Funktionsbereich den Charakter der Intimität erhält. Auch die Autonomie analer Befriedigung, die die Mutter zum Eindringling werden läßt, unterstützt dies. Die Klo-Situation wird zum Rückzugsort auf sich selbst, eine »abgeschlossene« Sphäre, die intimer ist als die körperlich sichtbare Sexualität, die mehr zum Kontakt hindrängt. Daher bedienen sich auch Träume analer Szenerie, wenn Intimität anklingt. Aus gleichen Gründen ist der anale Bereich auch ein Sinnbild des *Geheimnisses* (Vorläufer des Geheimnisses der Sexualität), aber auch des *Unheimlichen*, da er schwer durch klares erkennendes Beobachten vertraut und heimelig gemacht werden kann. Unterstützt wird dies dadurch, daß in dieser Phase, was die Ich-Entwicklung und Realitätsbeziehung betrifft, noch eine animistisch-magische

Weltauffassung vorherrscht, in der Dinge belebt und je nach Erlebnisinhalt beseelt werden: der »böse« Tisch, an dem man sich stößt, die »müde« Tasse, die umgekippt ist. Es wird viel projiziert (Projektion als seelisches Äquivalent analer Vorgänge, Kap. C, 3, c), was das subjektive Allmachtsgefühl, die Magie, fördert, und noch lange die Phantasie, das Interesse an Märchen und am Zaubern fördert. Eine Form der Magie ist auch die »Allmacht der Wünsche und Gedanken« mit ihrem Janus-Gesicht: positiv: wenn ich etwas nur intensiv wünsche und kräftig will, dann wird es wirklich; negativ: Angst, durch aggressive Gedanken jemand konkret-tatsächlich zu beschädigen (»böser Blick«). Diese magischen Vorstellungen sind besonders stark bei der Zwangsneurose erhalten, deren erste Keime in der analen Phase liegen, und es wird auch verständlicher, warum in Primitivkulturen, aber auch im Aberglauben aller Art (etwa in der animistischen Volks- und Bauernmedizin) anale Requisiten, z. B. Exkremente, als Heilmittel eine große Rolle spielen. In dem kräftigen Fluch »Himmel, Arsch und Wolkenbruch« entlädt sich ein »anales Gewitter«, und zugleich wird magisch eine umfassende Allmachts-Gewalt beschworen.

Störungen: Der gesunde Phasenverlauf hängt bei jeder Phase von der Art der Bewältigung der vorhergehenden Stufen ab. Ist das Kind schon intentional oder oral vorgeschädigt, so vergrößern sich die analen Störungsmöglichkeiten beträchtlich. Eine entscheidende Rolle spielen das emotionale Klima und der Zeitpunkt der Reinlichkeitserziehung. Zu früh begonnen, relativ lieblos und rigide oder besonders ehrgeizig durchgeführt, gleicht ihr Ergebnis mehr einer durch ungleiche Machtkämpfe und Strafvollzüge erzwungenen Dressur als einem vom Kind selbst bejahten Erwerb einer Verfügungsmacht über eine Körperfunktion, was sich dann in späteren Rückfällen (Bettnässen, Einkoten) bei Belastungssituationen deutlich zeigt. Biologisch wird die willkürliche Beherrschung des Schließmuskels erst ab Ende des ersten Lebensjahres (Markscheidenreifung) möglich. Eine prüde, zwanghafte und übertrieben hygienische (»sterile«) Atmosphäre in der Familie oder im Verhalten der Mutter kostet dem Kind Monate und Jahre des notwendigen lust- und liebevollen Bezugs zum Natürlich-Kreatürlichen und zwingt es in eine frühe haßbeladene Triebfeindschaft, zu Ekelgefühlen und demütigenden Schamerlebnissen, aber auch in gefügige Haltung oder pedantische Korrektheit. Seltener ist dagegen zu große Gleichgültigkeit der Mutter; hier kann ein Ansatz zu Verwahrlosungszügen entstehen, der dann weniger aus Protest als aus Gewohnheit zu einer Haltung führt, die sich auch später keinen Regeln unterwerfen will. Chronische Schlamperei kann freilich auch als Protest gegen zu massive anale Forderungen entstehen.

Manche Mütter betreiben einen analen Kult durch übermäßiges Interesse an den Ausscheidungsvorgängen auch noch beim schon größeren Kind (sogar über die Pubertät hinaus) und vermitteln ihm damit die Erfahrung aufdringlich-neugieriger Distanzlosigkeit, die die Möglichkeit von Autonomie, Intimität und Geheimnis verwehrt. Dies kann durch Identifikation übernommen werden, oder es entsteht reaktiv eine überwertige schamhafte Abwehr und Verschlossenheit bei gleichzeitig persistierender infantiler Bindung an die familiären Intimbereiche.

Bezüglich des Besitzstrebens kann eine bereits oral verursachte Störung des Zugreifens und damit die Ausbildung einer depressiven Struktur dadurch noch vertieft werden, daß auch das Behaltenwollen verunmöglicht wird: retentive Hemmung (= nicht retentiv sein können). Rückt z. B. die überbesorgte Mutter bei jeder Verstopfung sofort mit dem Machtmittel des Klistiers an, dann wird das anale Rückgrat des Verweigerns gebrochen werden. Falls das Kind nicht sthenisch mit verstärktem Trotz reagiert, wird es sich auch künftig angesichts von Forderungen hilflos ausgeliefert fühlen und übergefügig werden. Kadavergehorsam bis hin zum Vorweg-Erfüllen der vermeintlichen Ansprüche anderer, allzu große Nachgiebigkeit und Abhängigkeit sind Folgen solcher Erfahrungsprägungen.

Im Machtbereich sehen wir hier grundsätzliche Haltungen von Trotz, Eigensinn, Sturheit und Starrheit als Reaktion auf gewaltsam-aggressive Dressurmethoden und Prügelstrafen heranwachsen (Ansatz zu zwangsneurotischer Struktur). Auch der »anale Charakter« (Geiz, Eigensinn, Pedanterie) hat hier seine von Freud beschriebenen Wurzeln. Aufforderungen werden dann grundsätzlich mit Nein beantwortet, später wird der Spieß umgedreht, indem der Außenwelt die eigenen Gesetze »sadistisch« aufgezwungen werden.

Für den Kontakt- und Liebesbereich kann dies später bedeuten, daß man – wie selbst als Kind erlebt – im anderen nur ein Objekt eigener Besitz- und Machtwünsche sieht. Der Partner wird verfügbares Eigentum (anales Triebobjekt), als eigenständiges Wesen entwertet, hat zu dulden, was ich mit ihm »mache«, ist mein Be-sitz. Auf andere Weise wird der Bereich der Sexualität durch persistierende Scham- und Schuldgefühle und verdrängten Haß blockiert, die bei starkem Einsatz moralischer Machtmittel oder Körperstrafen in der analen Phase ein Kind schwer belasten. Ekel gegen alles Natürliche, gegen den Körper und seine Funktionen und überwertige anale Tabus entstehen hier, die dann später auch das Sexualleben dämonisieren und als etwas »Schmutziges« (anal) überschatten. Ständige Selbstzweifel und skrupulöses Grübeln statt Entscheiden, Trödeln, Hinausschieben jeder Handlung (bis zum »letzten Drücker« auf dem Topf) und Vermeiden werden chronische Charakterhaltung und damit grundlegend für spätere Arbeitsstörungen und Produktionshemmungen. Auch dies können Züge der zwanghaften Neurosenstruktur sein, die in Störungen der analen Phase genetisch begründet sind.

7. Aufbruch zur Umwelteroberung – die motorische Expansion

Schon während des Erwerbs der Beherrschung der Ausscheidungsfunktion hat das Kind zunehmende Verfügungsgewalt über ein anderes Funktionssystem erlangt: über die Skelettmuskulatur. Die Fähigkeit des Sitzens, Stehens und Laufens und damit die menschenspezifische aufrechte Haltung werden eingeübt, und die gewonnene »Übersicht« vergrößert den Umweltradius und den zentrifugalen Aufforderungscharakter der so erweiterten Welt. Die zunehmenden motorisch-expansiven Möglichkeiten verschaffen dem Kind subjektiv einen gewaltigen Zustrom an Eigenmachtgefühl, Propulsion, Angriffslust, Welteroberungsdrang und eine frühe Ahnung größerer Selbständigkeit und künftiger Freiheit. Wegen der Eigenbedeutung dieses Erlebens auch in neurosengenetischer Hinsicht sprach Schultz-Hencke von der *motorisch-aggressiven Phase*.

Während die frühere Motorik mehr autoerotisch und körperlustbezogen war (Strampeln als ungezielte Bewegung um der Funktionslust willen), ist die sich nunmehr einübende Motorik planvoll gesteuert und objektbezogener und ermöglicht das Herangehen an entferntere, verlockende Objekte. Angriffslust (ad+gredi) im Doppelsinn ausschreitenden Anpackens wie auch machtstrebiger Bewältigung ist die dominante Lust dieser Phase und eine der Grundlagen der »Aggression«. In der motorischen Bewegung entfaltet sich Aggression im Sinne konstruktiver Aktivität, in der zunehmenden Stärke und Koordination der Muskulatur aber auch als Macht eines »destruktiven« Angriffs (Raufen, Zuschlagen, Kaputtmachen) wie der Defensivmöglichkeit der Flucht und des Davonlaufens (was wiederum expansivere Angriffe erst wagen läßt). Umgekehrt: je mehr expansive Motorik hier gebremst wird (enge Wohnverhältnisse, restriktive Erziehung), um so mehr Aggressionspotential staut sich im seelischen Erlebnisbereich auf. Triebaffekte wie Wut, Haß, Zerstörungslust und Sadismus gehen zu einem großen Teil zu Lasten eines fehlenden Ventils normalen körperlich-motorischen Aggressionsspielraums.

Auch die Sprachentwicklung, die schon in den Frühphasen ein bedeutsames Triebventil ist, hat einen motorisch-funktionellen Anteil, dessen Differenzierung wiederum in Zusammenhang mit den Ichfunktionen der Aggression gezieltere Möglichkeiten gibt, Dinge deutlicher unterscheiden (= zu trennen) und benennen zu können, geistige Formen der Aggression, der Macht und Bewältigung.

Freud hat dieser Entfaltungsstufe keine eigene Phase zugeordnet, sondern sie als lokomotorische Entwicklung der anal-sadistischen Phase zugeordnet. Einsicht in die neurosenpsychologische Relevanz dieser spezifischen Reifungserlebnisse (und ihrer Störungsfolgen) hat Schultz-Hencke veranlaßt, diesem Entfaltungsschritt Eigenbedeutung zuzuschreiben, die der Qualität des Geltungsstrebens in der motorisch-expansiven Aggression Rechnung trägt. Während Freud sich zunächst auf die Erforschung der Libido verlegte und im »Sadismus« überwiegend die destruktive Seite der Aggression im Auge hatte, hat Schultz-Hencke der Aggression entsprechende Beachtung geschenkt, die im ursprünglichen »aggredi« noch nicht destruktiv intendiert sein muß.

Bezüglich der Umweltfaktoren und der Objektbeziehungen ist hier wesentlich, daß nunmehr der Vater in der subjektiven Erlebniswelt des Kindes bedeutungsvoller wird, der seinerseits nun auch mehr mit dem größer gewordenen Kind anfangen kann. Er gewinnt jetzt eine der Mutter vergleichbare Rolle sowohl im Sinn der Förderung wie der Hemmung. Gerade die Entwicklung der – in unserer Kultur – »männlicheren« Aggression ist es, die das Kind im Vater ein helfendes Vorbild erkennen und suchen läßt. Ein immanentes Ziel der Aggression ist es wohl auch, das Kind aus dem regressiven Nestsog zur Mutter herauszuführen. Wer angreifen, sich wehren, sich durchsetzen kann und zunehmend mächtiger in der Umwelthandhabung wird, erst der kann Schritt für Schritt auf die rückwendende Flucht zur Mutter verzichten und der Gefahr entgehen, ein Muttersöhnchen zu werden. Die Entfaltung des emanzipatorischen Prinzips der prospektiven Aggression liefert auch die Lustprämie für den Mutterverzicht, der mit den nun oft anrückenden Geschwisterrivalen verbunden ist; Geschwistergeburten sind recht einschneidende traumatische Faktoren dieser Lebensphase. Was schon in der analen Phase auf Trennung und Abhebung von der Symbiose mit der Mutter (als Kundgabe erster Individualität und Autonomie im Trotz) gerichtet, aber als re-aktives Neinsagen doch noch von der Mutter abhängig blieb, gewinnt nun auf der neuen Basis der Eigenständigkeit – mit dem Vater als Garanten – den aktiven Akzent der Aggression nach vorn: das »Selber-Machen«, das »Ich-Sagen« und die Eroberungslust dominieren jetzt in ungebrochener frischer Kraft, aber auch der dazugehörigen Naivität und Rücksichtslosigkeit, die erst von einem gereifteren Standpunkt des Ichs aus gesehen manchmal auch brutal und »sadistisch« wirken kann.

Störungen: Nicht wenige Eltern, vorwiegend Mütter, verlieren (wenn nicht schon in der Trotzphase), in dieser wegen der lauten Umtriebigkeit des raumfordernden Kindes auch objektiv für sie anstrengenden Periode die Lust am Kind, das bisher »so lieb und nett« war. Vor allem zwanghaft-depressive Eltern unterdrücken – selbst eingeengt und aus Angst vor der Mobilisierung eigener unterdrückter Impulse durch das Kind – mit strafender Einschüchterung oder moralisierender Schuldgefühlerweckung die expansive Initiative, wobei (nach überholtem Rollenmuster)

Mädchen oft stärker eingeschränkt werden als Jungen auf Kosten späterer Selbständigkeit als Frau. Das Gegenextrem stellen die Eltern dar, die sich der überrollenden Initiative des Kindes hilflos ausgeliefert fühlen und keinen Halt (im Doppelsinn des Wortes) vermitteln können, wodurch das ungesteuerte Kind einerseits zum Tyrannen wird, sich aber doch »haltlos« fühlt. Vor allem Einzelkinder spuren auf diese Weise eine inadäquate und unrealistische Egozentrizität ein, die ihnen spätere soziale Einordnung (Kindergarten, Schule) sehr erschwert.

Wird die expansive Kraft des Kindes vorwiegend mit autoritärer Härte oder Brutalität beantwortet, dann führen die zurückgestauten Aggressionen des Kindes zu verbitterter Gereiztheit, zu Haß und sadistischen Rachewünschen (»wenn ich erst mal groß bin!«), Heimtücke, Ver-schlagen-heit (Prügelstrafe!), im Extremfall zu Dis- und Asozialität (wobei auf die große Dunkelziffer der Kindsmißhandlungen hingewiesen sei!). Im rein motorischen Funktionsbereich können – mangels Übungsspielraums, aber auch als Abwehr aggressiven Entladungsstaus – Ungelenkigkeit, schlacksiges und linkisches Verhalten bis zur Tölpelhaftigkeit resultieren.

Sind dies (neben der analen Phase) weitere Ansätze einer zwangsneurotischen Struktur, so kann hier auch eine tiefere Einspurung depressiver Strukturelemente (aus der oralen und analen Phase) vor sich gehen, vor allem durch eine notwendige Wendung der Aggression nach innen: Niedergeschlagenheit (man schlägt sich selbst nieder), schuldgefühlhafte Stimmungen (»ich bin immer so böse«), Passivität, Mangel an Schlag-fertigkeit (auch verbal und geistig), Kriecherei, Übergefügigkeit und Depression. Eine besonders verderbliche Rolle spielt hier das in weich-gütige Verzuckerung eingehüllte Moralisieren der Eltern; kann man gegen harte und offen ungerechte Eltern wenigstens noch »guten Gewissens« Haß empfinden, so ist dies gegen so »wohlmeinende« Eltern kaum ohne sehr belastende Schuldgefühle möglich, und es bleibt letztlich – trotz äußeren Protests – nur depressive Selbstabwertung. Manche Kinder beginnen sich schon hier in den zu frühen Sublimierungsweg der geistigen Leistung zu retten: Aggression wird in neurotischen Ehrgeiz transformiert, in ein Leistungs- und Überlegenheitsideal, um wenigstens auf geistigem Gebiet alle Rivalen kampf- und aggressionslos

»aus dem Felde zu schlagen«. Hier wächst dann oft der zumindest von Gleichaltrigen wenig geschätzte Strebertyp heran.
Das Ergebnis solcher Störungen, die natürlich auch durch mehr exogene Faktoren (enge Wohnungen ohne Garten, Mangel an Spielplätzen und Spielgenossen bei Einzelkindern) bedingt sein können, ist, daß diese Frühphase freiheitlicher Entwicklung und das begleitende Macht- und Glücksgefühl schwer beschattet werden, was oft lebenslang den Aufbruch in die außerfamiliäre Welt lähmt, das seelische Rückgrat schwächt oder bricht und die erwachende Initiative bereits im Keim zugrunde gehen läßt: als Resultat ein gehorsamsbereit angepaßtes Verhalten mit untergründig weiterschwelendem Aggressionspotential.

8. Wer den größten Bogen rausbat

Das Kind hat mit drei und vier Jahren viele wichtige Körpersensationen erlebt, die für die Entstehung eines gesunden Körpergefühls bedeutsam sind. Auch der eigene Körper wird ja als frühes Objekt libidinös besetzt (Körper-Ich) und auf diese Weise vertraut. Für kein anderes Objekt gilt, daß es nicht nur gefühlt wird, sondern selbst Empfindungserlebnisse vermittelt, selbst fühlt. Dazu kommt, daß unlustvolle Körperreize kein Ausweichen zulassen, im Gegensatz zu Außenobjekten, andererseits der Körper als Lustspender stets zur Verfügung steht (Daumenlutschen, Onanie). Dies ist wichtig im Hinblick auf den »gesunden Narzißmus« (sich in sich, im eigenen »Haus«, wohlfühlen können), bietet aber zugleich regressive Ersatzbefriedigungen an, wenn die Entwicklung der Objektlibido zu Fremdobjekten gestört wird.
Besonders interessant für das Kind, da besser beobachtbar als die analen Vorgänge, werden nun Funktionen und Lusterlebnisse des *urethralen Bereichs* (Urethra = Harnröhre). Das Interesse des Kindes wendet sich stark dieser Körperöffnung bzw. dem Glied zu. Jungens wetteifern mit allen Zeichen des Ehrgeizes bzw. der Enttäuschung bei Niederlagen mit der Weite ihres Harnstrahls. Swift hat im »Gulliver« die »Potenz«, die darin liegt, treffend beschrieben, sie hat etwas strahlend-Glänzendes an sich, Qualitäten, in denen bereits eine Vorform des phalli-

schen Stolzes liegt, der in der nächsten Phase so wichtig wird, weshalb auch alle Kinder so große Freude am Spritzen mit dem Wasserschlauch haben. Im Rahmen der die Expansion ermöglichenden muskulären Entwicklung und des mit auf ihr psychologisch aufbauenden Geltungsstrebens gewinnt hier das spätere männliche Sexualorgan, der Penis, eine Sonderstellung im aggressiven Geltungsbereich, eine der Grundlagen für den späteren männlichen Geschlechtsstolz auf die phallische Potenz (»Urethral-Erotik«).

Das Mädchen hat es in dieser Phase, der Schultz-Hencke als *urethrale Phase* terminologische Eigenbedeutung verlieh, schwer. Versucht es mit den Jungen zu konkurrieren, bemüht es sich wie sie im Stehen zu urinieren, so erlebt es Enttäuschung und oft Demütigung. Es sucht sich (in anatomischer Unklarheit) damit zu trösten, daß sein winziges »Glied«, die Klitoris, wohl noch wachsen werde – wie oft können wir dies von Mädchen in diesem Alter hören! –, aber doch kann sich hier bereits das Erlebnisgefüge entwickeln, das im Fachjargon mit dem Begriffspaar *Peniswunsch – Penisneid* zusammengefaßt wird: Wunsch nach diesem »praktischen« und Geltungs-Gratifikation vermittelnden Organ, Gefühl »zu kurz« gekommen zu sein, Neid auf den besser ausgestatteten Jungen, aus dem »Mangel« erwachsender Haß auf ihn (und später auf den Mann schlechthin). Denn alle verbalen Tröstungen (Kap. D, 10) haben noch keine funktionale Erlebnis-Beweiskraft, die überzeugend wirken könnte.

Neben dieser *Ehrgeiztönung* einer (im Vergleich zur analen Funktion auch leichter *willkürlich* zur Verfügung stehenden) »strahlenden Potenz« hat die urethrale Funktion einen weiteren Erlebnisakzent: den der *verströmenden Hingabe* im sich lösenden Laufenlassen. Dieses beglückende Erleben vertrauensvoll Sich-Öffnens, das der Säugling noch erleben darf, wann immer er will, wird durch die Reinlichkeitserziehung ja zunehmend eingeengt und diszipliniert. Hier gilt das anläßlich der analen Phase bereits Beschriebene: Wird dies funktionelle Erleben zu früh und zu rigoros gedrosselt, so bedeutet dies auch einen prekären Verlust in der psychischen Erlebniskapazität unbekümmert-vertrauensvoller Hingabe, deren psychosomatische Frühform die urethrale Organsprache ist. Das Bettnässen, oft eine pathologische Folge solcher Milieueinflüsse, wird dann zur notwendigen Kompensation erzwungener Selbstkontrolle am Tage (»Weinen nach unten«), in der viel unerfüllte Sehnsucht nach vertrauensvoller Hingabemöglichkeit, aber auch aggressiver Protest gegen eine lieblose Atmosphäre steckt. Männer, die nicht in der Nähe anderer, etwa in einer öffentlichen Toilette urinieren können, leiden oft an Frühstörungen in diesem Bereich (oft noch vermischt mit schizoiden Anteilen und abgewehrten homosexuellen Tendenzen), die sich in einer urethralen Verkrampfung äußert. Die möglichen Störungsfaktoren dieser Stufe decken sich zum Teil mit denen der analen, zum Teil mit denen der motorischen Phase.

9. Die Libido mündet in die Genitalien

Am Anfang des vierten Jahres ist die Triebentwicklung so weit fortgeschritten, daß die Grundlagen der *Selbsterhaltung* gegeben sind: Die Kontaktfähigkeit ist entwickelt, die oralen und analen Basiserfahrungen des Besitzstrebens liegen vor, und die aggressive Durchsetzungs- und Selbstbehauptungsfähigkeit ist als Grundfunktion erlebnisgeprägt ausgebildet. Die Libido verlagert sich nun auf die Organe der späteren *Arterhaltung*. Im Vordergrund steht der Penis, der zum Vermittler der dominanten Körperlust wird, was in der urethralen Phase sich bereits abzeichnete. Obwohl die biologische Entwicklung noch keine volle Funktionsfähigkeit vermittelt – sei es subjektiv im orgastischen Lusterleben, sei es objektiv in der Fortpflanzungsfunktion – wird der Penis (und beim Mädchen die Klitoris) zur spielerisch oft betätigten erogenen Lustquelle. Da der Penis bzw. der Phallus hinsichtlich der Libidoentwicklung das Hauptorgan dieser Phase ist – auch beim Mädchen im subjektiven Erleben und in seiner Phantasie – hat Freud sie die *phallische Phase* genannt.

Durch die Verlagerung der körperlichen Lustempfindungen auf den Phallus, auch durch jetzt bewußter registrierte Spontan-Erektionen des Penis, werden auch die psychosexuellen Phantasien und Interessen dominant. Es ist die Zeit der intensiv einsetzender Sexualneugier, des Wissenstriebs nach allem, was mit Bau und Funktion der Sexualorgane, mit Geschlechterbeziehung,

Zeugung, Schwangerschaft und Geburt zu tun hat. Diese *»infantile Sexualforschung«*, die mit den typischen »infantilen Sexualtheorien« einhergeht, ist ein Sonderfall der allgemeinen Welteroberungstendenz und der »wissenschaftlichen« Neugier des Kindes, hinter alle Zusammenhänge zu kommen, wird aber gerade durch die Tabuierung der sexuellen Bereiche und die Geheimniskrämerei der Erwachsenen hinsichtlich dieser Kinderfragen besonders gefördert, da bekanntlich alles Verschwiegene und Verbotene die Neugier besonders anstachelt.

Im Zuge dieser Sexualforschung stößt das Kind unweigerlich auf die nun bewußt erlebte Tatsache des Geschlechtsunterschieds und wird damit vor die Aufgabe gestellt, seine eigene *Geschlechtsrolle* als Junge oder Mädchen zu finden und sie bejahen zu können.

Gleichzeitig tauchen grundlegende psychosoziale Probleme auf: die Auseinandersetzung mit der Dreier-Situation Vater – Mutter – Kind (der *Ödipuskonflikt*) sowie mit der Gruppensituation (Geschwister), was eine Anreicherung, aber auch Komplizierung des emotionalen Kontaktes bedeutet, da es sich ja um Bezugspartner verschiedenen Wesens handelt. Während die Bewältigung der (vom Kind noch animistisch als beseelt erlebten) Ding- und Sachwelt auf Grund der vorangegangenen Entwicklungen in ihren Erlebnisgrundlagen eingespurt ist, treten jetzt die multilateralen zwischenmenschlichen Probleme in den Vordergrund. Die dabei gemachten Erfahrungen und gefundenen Lösungen können im Prinzip grundlegend für das weitere Leben sein.

10. Der Phallus und die Frage: bin ich Mann oder Frau?

Neben dem durch die bewußter einsetzende spielerische Onanie sinnlich-erlebten allmählichen Vertrautwerden mit dem eigenen Genitale taucht auch das betonte Interesse an den Genitalien der anderen auf: Die Partialtriebe des Schauens und sich-Zeigens. Kinder knüpfen an ihre Erfahrungen mit ärztlichen Untersuchungen an und spielen Doktor, ein sehr wichtiges Spiel, in dem sowohl alle Sexualphantasien über Zeugung und Geburt Gestalt und Ausdruck finden wie auch das konkrete Wissen um diese Körperpartien vertieft wird. Gern präsentieren sich die

Kinder mit vorgestrecktem nackten Bauch; der Stolz auf den eigenen Körper und das Imponierenwollen damit finden in diesem »Exhibieren« ihren Ausdruck. Je unbefangener diese Tendenzen gelebt und akzeptiert werden, um so weniger neurotisierend und fixierend verläuft diese Phase notwendiger Realitätsprüfung. Der Junge erlebt Stolz auf sein Organ, dessen Größenvergleich an anderen nun eine Rolle zu spielen beginnt; das Mädchen verlegt sich auf die Koketterie mit seinem ganzen Körper und entfaltet dabei schon viel weiblichen Charme, stößt aber – oft verschärft durch geschlechtssoziologische Vorurteile in der Umwelt – wie schon in der urethralen Phase auf die kränkende Erkenntnis, daß sein kleines Organ dem Vergleich mit dem des Jungen nicht gewachsen ist. Wie Kinderträume, -phantasien, -worte und -zeichnungen deutlich zeigen, klammert das Mädchen sich zunächst an die Vorstellung eines Phantasie-Penis, den Kinder beiderlei Geschlechts auch der Mutter andichten: Leugnung des Geschlechtsunterschiedes. Zugleich beschäftigt sie aber die Frage, woher dieser Unterschied wohl stamme, wobei – aus vielfältigen Vorerfahrungen – die Phantasie von der »Kastration« auftaucht. Gemeint ist mit diesem nicht ganz präzisen Ausdruck die Vorstellung, das Glied sei abgeschnitten und somit verloren. Reale Aufhänger zu dieser Vorstellung bieten das oft erlebte Wegnehmen von Spielzeug, körperbezogener die analogen Erlebnisse der Trennung der Kotwurst vom Körper beim Defäzieren, was Kinder ja oft durch die Beine hindurch fasziniert beobachten, aber auch der frühere frustrierende Verlust von Mutterbrust bzw. Flasche. Nicht selten wird diese Kastrationsphantasie untermauert durch scherzhaft-drohende Äußerungen Erwachsener vom Gliedabschneiden (analog dem Struwwelpeter-Daumenlutscher) und sogar heute immer noch durch reale »erzieherische« Drohungen dieser Art zur »Unterbindung« der onanistischen Spiele. Eine andere Erklärungsphantasie des Mädchens ist die, daß die Mutter einen nicht richtig ausgestattet habe (»zu kurz gekommen«), was manch unverständliche Aggression gegen die Mutter motiviert. Ist das Mädchen so in der Gefahr, sich als beschädigtes Mangelwesen zu erleben, so stimulieren ähnliche Vorstellungen beim Jungen die *Kastrationsangst*, nämlich die brennende Sorge, daß gerade das Organ, das er in dieser Phase so hoch schätzt und auf das er bis zur Identifikation mit ihm so stolz ist, beschädigt und verloren gehen könnte. Diese Angst wird aus der ödipalen Situation noch verstärkt (Kap. D, 12).

Das Bewußtwerden des Geschlechtsunterschiedes ist für das Kind also keine harmlose Entdeckung, sondern mit erheblichen Ängsten verbunden. Daher ist auch das Finden und Bejahen der eigenen Geschlechtsrolle nie unproblematisch. »Die Anatomie ist das Schicksal« meinte Freud. Wir wissen aber heute, daß es auch sozio-kulturelle Faktoren sind, die vor allem dem Mädchen das Bejahen seines Geschlechts erschweren können. Eine patriarchalische Familie oder eine Kultur, in der der Mann schlechthin mehr gilt, mehr Macht und Wert hat, wird den Penisneid des Mädchens zusätzlich verschärfen oder gar erst eigentlich begründen. Wo der Junge prinzipiell privilegiert ist, wo die Geburt eines Mädchens elterliche Enttäuschung auslöst, wird es zusätzlich schwer, sich als künftige Frau zu bejahen. Andererseits kann eine Mutter, die (aus eigenem Penisneid heraus) eine Animosität gegen den Mann schlechthin hat, für ihren Jungen zu einer Bedroherin seiner Männlichkeit werden und ihn oft schon in seiner früheren Aggressionsentwicklung »kastrieren«. All diese vom komplexen Gesamtklima der Familie einschließlich der Geschwisterreihe abhängenden Faktoren richten sich subjektiv letztendlich auf das für das Kind konkret Sichtbare, auf den Penis, den zentralen Lustträger dieser Phase. Die Vertröstungen für das Mädchen, daß ihm dafür Brüste wachsen werden, sind subjektiv ja noch vage Zukunftsmusik. Die den Hoden entsprechenden Eierstöcke mit ihrer (dem Mann fehlenden) Potenz sind für das Mädchen unsichtbar und die Vagina eben zunächst ein »Nichts«, ein Loch, das weniger praktikable Möglichkeiten bietet im Vergleich zur sichtbar »handlichen« Verfügbarkeit des Gliedes. Wie immer im kindlichen Erleben zählt eben das quantitativ und konkret Sichtbare besonders stark.

11. Die Sexualphantasien

All diese verwirrenden neuen Erfahrungen und angstvollen Ungewißheiten regen die Phantasietätigkeit des Kindes an, besonders wenn dem Kind Aufklärung über die Realität verweigert wird. Das Kind stellt viele Fragen, teils direkt, teils nur dem um die Probleme dieses Alters Wissenden in ihrer Motivation erkennbar. Nichtbeantwortung führt oft zu einer – auf andere Bereiche verschobenen – quälend-endlosen Fragesucht. Aber auch bei vernünftiger Aufklärung bleibt dem Kind vieles geheimnisvoll; vor allem fehlt ihm noch die Eigenerfahrung voller sexueller Erlebnisfähigkeit, die mit all ihrer orgastischen Leidenschaft ja erst in der Pubertät zugänglich wird.

So entstehen kindliche Phantasien, daß das nächtliche Zusammensein der Eltern eine Art Ringkampf sei (Vergewaltigungsphantasie) oder daß der Vater in die Mutter hineinuriniere (urethrale Stufe), d.h. das Kind knüpft an das aus dem Eigenerleben ihm Bekannte an. Die Vorstellung von der Geburt kann dann eine anale sein, gestützt auf die eigenen Defäkationserlebnisse oder die vermeintlich anale Kopulation der Hunde, die man sah (einhergehend mit der »Kloaken«-Vorstellung aus Unkenntnis des Unterschieds zwischen den unteren Körperöffnungen der Frau). Auch orale Zeugungs- und Geburtsphantasien beschäftigen das Kind (es weiß ja, daß ein dicker Bauch vom Essen kommt). Hat es nun noch, was ja nicht so selten vorkommt, nächtlicherweise einen Verkehr der Eltern miterlebt, die das Kind schlafend glaubten, so kann vor allem die Vergewaltigungsphantasie durch das im Dunkeln lediglich Hörbare für das heimlich lauschende erregte Kind zur Gewißheit werden. Da es für die dabei mobilisierten Triebaffekte noch keine vollentwickelte Abfuhrmöglichkeit hat, sollte ihm schon von da her die »Urszene« (Freud) erspart werden. Die analytische Erfahrung zeigt, wie solche Erlebnisse und Phantasien, verdrängt, noch bis ins Erwachsenenalter wirksam bleiben als Ursache für Sexualstörungen und psychosomatische Symptome.

12. Das ödipale Dreieck

In engem Zusammenhang mit dem bisher beschriebenen eigenbezogenen Aspekt der phallischen Phase stellt – vom Aspekt der Objektbeziehungen her – der sog. *Ödipuskonflikt* den Mittelpunkt dar. In diesem Zentralgeschehen der kindlichen Entwicklung münden Wünsche und Konflikte ein in komplexe Mischungen von Liebe und Haß, aber nunmehr in der charakteristischen

Dreier-Konstellation, die auch von der realen Beziehung zwischen Vater und Mutter selbst entscheidend beeinflußt wird.
Jungens entwickeln eine stürmisch begehrende Liebe zur Mutter; Mädchen umwerben fordernd-zärtlich den Vater. Beide betonen – direkt und indirekt – häufig, den gegengeschlechtlichen Elternteil »heiraten« zu wollen; der gleichgeschlechtliche dagegen soll »weg« sein. Diese »Frühblüte der Liebe« zeigt jedoch nicht nur einen zärtlich-erotischen Akzent, sondern ist trieb- und affektgeladen durch sexuell motivierten ausschließlichen Besitzanspruch mit allen Zeichen der Eifersucht, wodurch das Kind unweigerlich in Rivalität zum elterlichen Konkurrenten gerät: Der Junge begehrt die Mutter und haßt dabei den Vater; das Mädchen will den Vater gewinnen und dabei die Mutter ausschalten. Dieser vom Kind ausgehenden Konstellation kommt oft – mehr oder weniger – eine ähnliche Tendenz seitens der Eltern entgegen und kann die Ödipus-Situation verstärken. Daß Freud dieses Geschehen terminologisch mit dem Ödipus-Mythos verknüpft hat, meint natürlich nicht, daß er in das Kind die Fähigkeit eines realen Coitus-Vollzugs und eines tatsächlichen Elternmords hineingesehen habe, bezeichnet jedoch präzise die Tatsache der entsprechenden Wünsche und Phantasien des Kindes vom Triebziel her gesehen, was sich in Träumen, Spielinhalten, im Verhalten und in vielen verbalen Äußerungen nachweisen läßt. Und von der Pubertät ab kann das Ödipusdrama, teils oder vollständig, durchaus real vollzogen werden.
Die klassische Lehre vom *Ödipuskomplex* stellt sich folgendermaßen dar: Der Junge gerät durch seine »Inzestliebe« zur Mutter in die Aggression gegen den Vater und damit in dessen reale oder in ihn projizierte aggressive Rache. Phasenspezifisch (s. oben) hat diese Rache und Strafe aber unbewußt mit »Kastration« zu tun, d. h. seine Liebe zur Mutter treibt ihn in die Fänge der Kastrationsangst. Diese mächtige Angst ist es, die ihn letztlich zum Aufgeben bzw. Verdrängen seiner Inzestwünsche zwingt. Um seine männliche Existenz, symbolisiert durch den Penis, zu retten, muß er die sexuellen Wünsche auf die Mutter verdrängen. Dabei kommt ihm freilich normalerweise zu Hilfe, daß er am Vater bisher und weiterhin auch positive Erfahrungen machte, ihn ja auch liebt. Die Lösung des Konflikts bietet sich ihm in einer Identifikation mit dem Vater an: so zu werden wie dies

bewunderte und geliebte Vorbild, das er als Grundlage seines Ich-Ideals einverleibt. Aber auch die aggressive, verbietende Seite des Vaters, sein »Inzest-Verbot«, wird internalisiert und zur Grundlage des nunmehr (auf den früheren Vorstufen) stabil errichteten Über-Ichs. Unter dessen Einfluß werden die sexuellen Inzestwünsche verdrängt, die zärtliche Bindung an die Mutter darf bestehenbleiben. Damit hat der Junge einerseits sein bedrohtes Genitale vor der »Kastration« gerettet (das damit zunächst auch die aktuelle libidinöse Funktion – bis zur Pubertät – verliert), andererseits die zwischenmenschliche Beziehung zu den Eltern wieder ins Lot gebracht: »der Ödipuskomplex ist am Kastrationskomplex zugrunde gegangen«; die Latenzperiode mit ihrer durch Triebkräfte ungestörteren Ich-Entwicklung kann einsetzen.

Das Mädchen, dessen Beziehung zur Mutter schon wegen des Vorwurfs »mangelhafter Penis-Ausstattung« unbewußt getrübt sein kann, wendet sich, von der mit Niederlagen endigenden Rivalität mit den Jungens enttäuscht, werbend dem Vater zu. Dadurch verschärft sich die Aggression gegen die Mutter noch um den Rivalitätsanteil. Es hofft nun sehnlich, vom Vater in derselben Weise begehrt zu werden wie die Mutter und von ihm »ein Kind zu bekommen«. Diese Wunschphantasie hilft ihm auch, den Penismangel zu verschmerzen, besteht doch im Unbewußten eine symbolische Gleichung Penis = Kind (unterstützt auch durch gleichlautende verniedlichende Kosenamen für beides, z. B. kleiner Spatz). Dabei kann auch eine Regression auf die anale Thematik mitwirken, wodurch sich die unbewußte Symbolgleichung auf Penis = Kotwurst = Kind erweitert unter analoger Gleichsetzung von Vagina und After (s. Sexualphantasien). Zugleich bahnt sich die spätere libidinöse Besetzung der Scheidenschleimhaut statt ausschließlich der Klitoris an. Beim Mädchen geht also umgekehrt »der Kastrationskomplex am Ödipuskomplex zugrunde«. Aber auch das Mädchen muß die genitalen Wünsche an den Vater aufgeben, um der drohenden (projizierten) Racheaggression der übermächtigen Rivalin zu entgehen; es löst dieses Problem durch Identifikation mit der Mutter als Vorbild eigener Weiblichkeit, verdrängt die Inzestwünsche und muß sich auf später vertrösten.

Innerhalb dieses konflikthaften dramatischen Ringens über viele

Monate hinweg spielen sich viele intrapsychische Prozesse ab, wobei Phantasien noch als Wirklichkeiten erlebt werden. Eine normal gelungene Lösung der ödipalen Konflikte ist eine entscheidende Voraussetzung zur Bejahung der eigenen Geschlechtsrolle und zur Anerkennung der bestehenden Realität gegenüber magischem Wunschdenken. Bei Mißlingen dieser Aufgaben bilden sich Ansätze zur hysterischen Neurosenstruktur (Kap. E, 8).

Dem normalen Ödipuskomplex ist stets noch der *umgekehrte* beigemengt: Er besteht beim Jungen darin, daß er die Mutter haßt und seine Liebeswünsche auf den Vater richtet. Ist diese Entwicklung dominant, so kann sie zum *negativen Ödipuskomplex* weiterschreiten. Der Junge versucht sich dem geliebten Vater gegenüber quasi weiblich anzubieten (identifizierende Stellvertretung der Mutter), oder sich dem gefürchteten autoritären Vater völlig zu unterwerfen, woraus sich passiv-feminine Charakter-Entwicklungen und psychosexuell ein Aufgeben des Penis als Männlichkeitsorgan und die unbewußte Phantasie eines weiblichen Genitales ergeben (an dessen Stelle durch regressive Verschiebung der After treten kann). Durch den negativen Ödipuskomplex kann so eine (latente oder manifeste) homosexuelle Entwicklung eingeleitet werden. Der Junge hat sich dann mit der Kastration seelisch abgefunden, dafür eine weibliche Identifikation erworben: Statt mit Jungens zu rivalisieren, beginnt er sie zu umwerben, was in der Folge sein Erleben, Verhalten, Selbstgefühl und seinen Leistungsstil entscheidend prägt. Beim Mädchen führt die entsprechende Entwicklung zum (latenten oder manifesten) Lesbiertum, in dem der Mann (aus dem Penisneid heraus) entweder verachtet bleibt oder die Beziehung zu ihm durch den Peniswunsch (Kastrationstendenz) kompliziert wird. Eine »phallische Frau« ist charakterisiert durch ihr ständiges Bestreben, den Mann rivalisierend zu besiegen, sich rächend oder ihn überfordernd zu »kastrieren« und den Zwang zur Demonstration ihrer Überlegenheit über ihn. Sie wird dadurch liebes- und hingabeunfähig (frigide) oder wendet sich überhaupt homosexuellen Erlebnissen zu, wenn sie es nicht vorzieht, in splendid isolation zu verharren.

Da der Ödipuskomplex immer auch gewisse Anteile des umgekehrten und oft auch des negativen enthält, ist es auch eine quantitative Frage der Stärke dieser Anteile, wie er gelöst wird.

Er ist ein individueller Zentral- und Kernpunkt jeder neurotischen Entwicklung, zumal an seiner Gestaltung ja auch die vorangehenden prägenitalen Phasenschicksale mitgebaut haben und weiterwirken. Die Durcharbeitung dieses vielschichtigen Komplexes spielt daher in jeder psychoanalytischen Behandlung eine entscheidende Rolle.
Dieser Komplex und seine Lösung werden, abgesehen von der Stärke bisexueller Anlagefaktoren, mitgestaltet von den familiären Gegebenheiten des (stabilen oder stark wechselnden) Realverhaltens der Eltern, der Rollenverteilung in der Familie, aber auch von den Normen, Rollenvorschriften, Sitten und Traditionen der übergreifenden Kultur. In verschiedenen Kulturkreisen kann sich der Ödipuskonflikt daher in recht unterschiedlichen Nuancierungen abspielen (Malinowski, Mead u. a.).
Störungen: Herbe, zwanghafte Eltern, »die die Schmuserei absolut nicht leiden können«, verweisen angesichts des ausgeprägten Zärtlichkeitsstrebens dieser Phase das Kind auf autoerotische Zärtlichkeiten (Onanie) zurück. Umgekehrt können Eltern, die in einer emotional und sexuell unausgefüllten Ehe leben, die ödipalen Wünsche verführend anheizen, indem das Kind zum Ehe-Ersatzpartner, zur tröstenden Klagemauer oder zum Bundesgenossen gemacht wird, was das Kind mit zusätzlichen Schuldgefühlen (Verräterkonstellation) belasten, es aber auch zum Intrigantentum verführen kann. Da letztlich das Kind trotz dieser Verlockungen meist »verraten« wird, bezahlt es am Ende die Zeche.
In den Bestrebungen der Sexualneugier und des Forschungsdranges wird ein Kind durch ein prüdes, leibfeindliches Milieu, aber auch durch eine schwüle, durch unklare erotische Verhältnisse geprägte Atmosphäre geschädigt. Unausgetragene elterliche Spannungen oder durch wechselnde Verhältnisse verunsicherte Familienkonstellationen, ebenso ein familiäres »Aprilklima«, in dem heute verboten ist, was gestern erlaubt und erwünscht war, verwehren dem Kind die gesuchte Klarheit, den Halt und heizen die Sexualphantasien an, statt Realitätsprüfung zu ermöglichen. Sowohl durch unannehmbar zwanghaftes wie durch verwirrend-hysterisches Milieu kann das Kind hysterisiert werden. Einzelkinder sind besonders stark von einer »Inzuchtatmosphäre« betroffen, da es keine Ausweichkanäle gibt. Andererseits kann die

ödipale Situation vom Elternteil auf ein Geschwister verschoben werden, wodurch dann oft lebenslange latente Bindungen entstehen können. Besonders kraß und prekär spitzt sich die Ödipussituation bei massiveren Störungen der vorangehenden Phasen zu. Der Ödipus der Sage war ja ein von den Eltern »ausgesetzter«, innerlich aus Angst abgelehnter Sohn; die Eltern sahen in ihm eine Bedrohung ihrer selbst, d. h. sie waren für die Aufgaben der Elternschaft innerlich nicht bereit (Pellegrino). Die Hauptstörungsfolge einer ungelösten Ödipussituation ist die latente, oft auch manifeste Fixierung an einen Elternteil, wodurch der Typ des ewigen Sohnes und der ewigen Tochter entsteht, die nie den Absprung vom Nest finden, sowie die Entwicklung zum passiv-femininen Mann oder zur phallischen Frau. Die Fülle der hier möglichen individuellen Entwicklungen ist sehr komplex. Entscheidende Prägungen ergeben sich z. B. auch durch äußere schicksalhafte Ereignisse dieser Phase: Geschwistergeburten, Tod, Krankheit oder längere Abwesenheit bzw. Fehlen von Geschwistern wie Eltern können teils als magische Bestätigungen ödipaler Phantasien, teils als mobilisierende Faktoren erhebliches Gewicht bekommen. Reale Verführungserlebnisse durch Erwachsene und ältere Kinder können bewirken, daß aus unbewußten Phantasien unumstößliche Realität wird.

13. Ruhe vor dem Sturm

Mit der Errichtung des Über-Ich und Ich-Ideals kommt die triebhafte Entwicklung, die im Ödipuskonflikt gipfelte, nun normalerweise für einige Jahre zum Ruhen (Latenzperiode). Das Über-Ich sorgt für die Einschränkung direkter Triebbefriedigungen, das Ich ist unter dieser Triebkontrolle aufgerufen, Abwehrmechanismen zu stabilisieren und zugleich die Triebenergien einer Stärkung und Verfeinerung der produktiven Ich-Funktionen (Wahrnehmung, Gedächtnis usw.) zuzuführen. Das Kind wird schulreif, das anschaulich-realistische Denken überwindet mehr und mehr das magische, vorbegrifflich-symbolische Denken. Die Schule differenziert auch die sozialen Verhaltensweisen durch die durch Lehrer und Schüler erweiterte Eltern-Geschwistergruppe der Klasse. Das Über-Ich vertritt die Eltern auch in

deren Abwesenheit und schafft eine *innere* Moral; zugleich differenziert es sich ebenso wie das Ich-Ideal durch partielle Identifikationen mit wechselnden Lehrern und Vorbildern, die nun der weiteren Sozietät entstammen. Die Lustbefriedigung wird auf die schulische Ausbildung der Ich-Funktionen verschoben und empfängt Prämien für den Verzicht auf direkte Triebbefriedigung durch die narzißtische Belohnung seitens des Über-Ich in der Selbstzufriedenheit, mit den introjizierten Geboten und Verboten einigermaßen übereinzustimmen. Sublimierung und Neutralisierung der libidinösen und aggressiven Triebenergien spielen die Hauptrolle.
Voraussetzung hierzu und zur Bewältigung der Schulkonflikte ist, daß die Phasenentwicklungen einigermaßen geglückt sind und der Ödipuskonflikt gelöst werden konnte. Gelang dies nicht, dann ist die Latenzphase weiterhin eine Zeit großer Triebunruhe, einerseits gekennzeichnet durch Ausbildung einer der zahlreichen Kinderneurosen und deren Symptomatik, andererseits durch Beeinträchtigung der gesunden Ich-Entwicklung (Schulversagen, mangelhafte Anpassung) wegen der ständig andrängenden Triebbedürfnisse, Warnzeichen, die die Eltern zum Aufhorchen und zur Selbstbesinnung statt zu moralischen Werturteilen über das Kind veranlassen sollten.

14. Sturm und Drang

Etwa ab dem zehnten Lebensjahr, aber individuell recht verschieden, setzt der biologisch bedingte hormonale Entwicklungsschub einen neuen Akzent: Die starke Vermehrung der Triebstärke stellt das Ich vor schwierige Aufgaben. Vor allem in der Vorpubertät kommt es zu erneuter Mobilisierung der Partialtriebe, das Es spielt nochmals alle Register oraler, analer, aggressiver und phallischer Tendenzen durch, aber nun mit der verstärkten Wirksamkeit inzwischen gewachsener Funktionsmöglichkeiten. Die Flegeljahre sind daher, aus Erwachsenensicht, durch eine gewisse »Verwahrlosungstendenz« gekennzeichnet. Das Über-Ich antwortet mit Strafreizen, so daß der Pubertierende selbst zwischen Trieblust und Schuld, Selbstüberschätzung und Minderwertigkeitsgefühl schwankt und in seiner Zerrissenheit oft unglücklich ist. Das aufgestörte Ich versucht der Lage Herr zu werden durch Errichtung verstärkter Abwehr, die zur Extremform der *Pubertäts-Askese* führen kann. Der Versuch, durch rational-theoretische Überlegungen alle Konflikte zu lösen (Intellektualisierung), mündet oft in den Wunsch nach absoluter und endgültiger Klärung der großen Weltfragen, wobei gerade der rigorose Absolutheitsanspruch die Notwendigkeit nach Totalherrschaft über die starke Triebgefahr signalisiert, die keine elastische Teil-Lösung zuläßt. Das Über-Ich droht eine Diktatur zu errichten: überwertige Sühnetendenzen (Klostereintritt als symbolische Selbstkastration), Suizidideen und -versuche, masochistische Schwermutphasen, asketische Zuwendung zu ausschließlich geistigen Beschäftigungen, aktuell oft ausgelöst durch Onanieschuldgefühle oder Intimitäten mit dem anderen oder gleichen Geschlecht. Die andere Extremgefahr ist die der *Pubertätsexzesse* (Kriminalität, Dis- und Asozialität), in denen quasi das Es die Alleinherrschaft an sich reißt und Ich und Über-Ich überspült. In dieser Phase zeigt sich, ob in der bisherigen Libidoentwicklung genügend Raum für emotionale Fülle war, die der sofortigen direkten Triebbefriedigung Sublimationsmöglichkeiten zur Verfügung stellte, und inwieweit ichgerechte Möglichkeiten (Sport, Basteln, Tanz, Musik usw.) entwickelt werden konnten. Die Pubertät deckt auf, ob die bisherige Umwelterfahrung genügend Liebe, Herzlichkeit, Halt und ichgerechte Vor- und Leitbilder enthielt.

Auch der Ödipuskonflikt wird erneut aktiviert; normalerweise bleiben jedoch die Eltern verbotene Liebesobjekte, so daß sich die Aufgabe stellt, sich von ihnen abzulösen und Zugang zu gleichaltrigen Partnern zu finden. Die erotischen Anteile werden über das »Schwärmen« an oft wechselnde Elternersatzfiguren (Lehrer, Schauspieler, Hit-Sänger, Sportkanonen) geheftet, wobei es mehr um suchende narzißtische Identifikationen (Ich-Ideal-Ausweitung unter heftiger Kritik an den Eltern) als um reale Besitzwünsche geht. Der rein sexuelle Anteil findet in der Pubertätsonanie ein normales und notwendiges Ventil, kann aber auch in ersten Koituserfahrungen untergebracht werden, was weitgehend von der sozialen Schichtung und den jeweiligen Gruppennormen abhängt. Eine wichtige Aufgabe der Pubertät ist es, »die Partialtriebe unter dem Primat der Genitalität«

(Freud) zu vereinen, d. h. eine Integration aller Triebkräfte und auch die Verschmelzung von Eros und Sexus zu finden, was zur Erreichung der genitalen Stufe und zur Fähigkeit zu echter Partnerbeziehung führt *(genitale Phase).*

Hier, unter dem »Feuer des hormonalen Libidoschubs«, besteht noch einmal die grundsätzliche Möglichkeit, in der Wiederbelebung alte Konflikte »einzuschmelzen« und zu neuen Lösungen zu finden. Mißlingt dies, so wird die Pubertät zum Anlaß des Auftretens oder der Fixierung neurotischer Symptome (in krassen Fällen von Psychosen). Die Erfahrung zeigt, daß gerade in dieser Altersphase die Biographie späterer Patienten viel diagnostisches und prognostisches Material liefert, daß aber auch manche gefährdete Entwicklung durch verständnisvolle Führung, oft durch einen außerfamiliären Freund oder Elternersatz noch die entscheidende positive Wendung nimmt. Im Gegensatz zu primitiven Kulturen, aber auch zu manchen institutionalisierten Riten der vergangenen und vergehenden Zeit fehlen dem heutigen Jugendlichen hier von der Gesellschaft angebotene Hilfen, die ihm in seinem puberalen Ringen Stütze bieten. Die oft grausamen Initiationsriten der Primitivkulturen und deren zivilisiertere Formen unserer Kultur (Zunfteinweihungen, Korporationsriten usw.) mit ihrem magischen Gehalt sind überholt; die heutige Jugend ist angewiesen auf die Entwicklung und Findung eigener kollektiver »Riten«, was die »Halbstarken-Phänomene«, Bandenbildungen und sonstigen Suchbewegungen mitmotiviert, die den gesitteten Bürger beunruhigen, der solchen Erscheinungen oft verständnislos gegenübersteht, weil er die Problematik der eigenen Pubertät längst vergessen hat.

Mit der Pubertät ist die psychoanalytische Entwicklungslehre keineswegs abgeschlossen, wenn auch hier schon die Weichen im wesentlichen gestellt sind. Auch zur Phase der Adoleszenz mit ihren Identitätsproblemen, den Fragen der Berufswahl und der studentischen Unruhe in aller Welt, die freilich keineswegs ihrer sachlichen Berechtigung entkleidet werden darf, indem man sie rundweg als Psychopathologie abtut, die zweifellos darin auch vorhanden sein kann, weiterhin zur Problematik der Lebensmitte, des Alterns und des Sterbens ist von tiefenpsychologischer Sicht viel erhellendes beigetragen worden, was jedoch über den Rahmen dieses Buches hinausgehen würde.

E. Der energetisch-ökonomische Aspekt

1. Neurose als unverarbeiteter Konflikt

Das Phänomen der Neurose basiert auf der Grundsituation des Menschen, ein konfliktträchtiges Wesen zu sein. Konflikthaftes Erleben ist jedoch an sich nicht psychopathologisch, sondern gerade eine alltägliche Situation jedes Menschen. Wann wird aus dem Konflikt eine Neurose?

Freud hat früh entdeckt, daß neurotische Symptome stets mit einem Konflikt zusammenhängen, den er ursprünglich zwischen dem Sexualtrieb und einem sexualfeindlichen Normen verpflichteten Ich- oder Selbsterhaltungstrieb gelagert sah (Trieb gegen Zensor). Später, nach dem Ausbau der Instanzenlehre, bezeichnete er das Ich als die Instanz, die Konflikte auszutragen hat. Diese können grundsätzlich bestehen zwischen Es und Realität (Außenwelt), zwischen Es und Über-Ich bzw. Ich-Ideal oder zwischen verschiedenen Es-Antrieben (z. B. sexuellen und aggressiven). Reife Konfliktlösungen des Ich bestehen z. B. darin, sich für eine der Konfliktkomponenten zu entscheiden und auf die andere zu verzichten. Weiterhin wären Lösungen im Sinne eines bewußt erlebten Kompromisses oder eines Nacheinander im Kontext mit der Realität möglich, vor allem aber durch Sublimierung bzw. Neutralisierung der Triebenergie, so daß eine Triebstauung unnötig wird. Ist das Ich jedoch zu solchen Lösungen nicht stark genug – Ich-Stärke hängt u. a. mit Frustrationstoleranz zusammen –, wie dies vor allem für das kindliche Ich gilt, und liegt eine durch Angst-Schuld-Koppelung genetisch gestörte Triebentwicklung vor, so muß das Ich zu Abwehrmechanismen greifen, womit die Konfliktsituation einer bewußten Verarbeitung entzogen wird. Die Energie der abgewehrten Triebkomponente versucht sich dann in der *Symptombildung* durchzusetzen. Hierzu ein Beispiel:

Ein Pubertierender kann aus Über-Ich-Angst seine Onanie-Impulse so stark verdrängen, daß er zu einem wird, der von seiner Sexualität erst nichts »wissen will«, aber dann auch nichts mehr »weiß«. Dies kann in der Folge zu einer Blockierung jeglicher sexuellen Weiterentwicklung führen (kein Interesse an Mädchen, Impotenz usw.). Das Verdrängte drängt jedoch in irgendeiner Form gegen die verdrängende Kraft an, was sich theoretisch als Energiebilanz formulieren läßt (ökonomischer Aspekt). Es drängt zur *Wiederkehr*. Da das normale Flußbett der Libido versperrt ist, sucht die sexuelle Energie Seitenkanäle auf. Die verdrängten Onanieimpulse kehren, autoerotisch fixiert, in verkappter Form wieder und können sich z. B. im *Symptom* eines genitalen Waschzwangs manifestieren, der den Betreffenden zu einer gehäuften Manipulation am Genitale zwingt. Die sozial anerkannte »Kulturforderung« des Waschens ist dann unversehens in den Dienst genital-autoerotischer Triebbefriedigung gestellt worden, die sexuellen Impulse aber in eine »sinnlose« Leerlauffunktion geraten. Diese Symptombildung ist ein (ökonomischer) *Kompromiß* zwischen Es und Über-Ich: Die verpönte Es-Regung setzt sich verkappt durch, aber auch das Über-Ich ist befriedigt, denn der quälende Charakter des zwanghaften Antriebs ist zugleich eine Selbstbestrafung für die befriedigte Lust. Lust und Strafe haben sich verbunden, und das bewußte Ich »weiß nichts von dem, was da eigentlich geschieht«. Diese Konfliktlösung des Ich ist eine *neurotische*. Zugleich wird deutlich, daß hier aus dem Versuch einer angstsparenden Konfliktlösung ein *Dauerkonflikt* geworden ist.

Anfangs hat sich die Psychoanalyse vorwiegend und mit viel Erfolg und teils Akribie solchen Symptomanalysen gewidmet und dabei unseren Verstehenshorizont entscheidend erweitert. Ein erfahrener Psychoanalytiker ist oft auf Anhieb imstande zu erkennen, um welchen verinnerlichten Konflikt es sich bei dem neurotischen Symptom handelt. Freilich wäre es ein nutzloses Unterfangen, dem Patienten dies rational-intellektuell auf den Kopf zuzusagen, weil dieser emotional-affektiv damit nichts anzufangen weiß, da die Evidenz einer erlebnismäßigen Einsicht durch die weiter bestehende Abwehr verhindert wird. Diese hat ihre »historischen« Gründe, den Patienten vor der Wiederkehr der (kindlichen) Angst zu schützen, die mit der »Entlarvung« des Symptoms als Lustgewinn und Triebbefriedigung ja verbunden wäre.

2. Symptom und Charakter

Nähere Einsicht in den Aufbau einer Neurose zeigt, daß solche Symptome nicht ausgestanzt und unabhängig von der sonstigen Persönlichkeit und quasi als Fremdkörper zu betrachten, sondern meist innig mit dieser und ihrer Entwicklung verwoben sind. Wen z. B. Onanieimpulse derart ängstigen müssen, der wird auch in seiner weiteren Psychosexualität einschließlich ihrer Phantasie- und Realobjekte unter genctisch bedingtem Angst-Schuld-Druck stehen, nicht auf Grund eines einmaligen Traumas, sondern durch u. U. tägliche mikrotraumatische Einflüsse z. B. im Verlauf der Ödipusphase. Aber auch prägenital können Angstfixierungen vorliegen (anal: überbetonte Sauberkeit usw.). Seine Triebschicksale sind in seine Persönlichkeit eingegangen und haben sie auch charakterlich geprägt und mitbestimmt. Von wenigen monotraumatischen Symptomen abgesehen, werden daher Symptom und Charakter funktionell sinnvoll zusammenhängen, d. h. es ist zu mehr oder minder »ungesunden« Persönlichkeitsverzerrungen gekommen, so daß wir von *neurotischen Persönlichkeitsstrukturen* sprechen müssen. Die Symptome sind dann lediglich die oberirdischen Triebe eines unterirdisch weit verzweigten Wurzelgeflechts, dessen höchst komplizierte Verwobenheit analytisch und für den Patienten erlebnisnah zu entflechten viel schwieriger und langwieriger ist als ein isoliert-abstraktes Symptomverhältnis. Zu einer dauerhaften Symptomheilung (statt z. B. Symptomverschiebung) ist daher die Analyse der individuellen Geschichte der gesamten Persönlichkeit (und in unserem Beispiel nicht nur der vita sexualis im engeren Sinn) wichtig.

Darüber hinaus haben wir aber auch gelernt, daß es Neurosen gibt, die überhaupt ohne jedes sichtbare oder lärmende Symptom verlaufen, deren Träger lediglich an auffälligen bis abnormen Charakterzügen leiden oder andere dadurch an sich leiden machen (Charakterneurosen). Freud hat den »analen Charakter« beschrieben, W. Reich hat in Weiterführung dieses Ansatzes einer tiefenpsychologischen Charakterologie Typen des triebgehemmten und triebhaften Charakters skizziert, andere Autoren sprachen von oralem, urethralem, phallischem Charakter usw. Unter Verzicht auf die »Metapsychologie« der Libidolehre und des Instanzenmodells hat Schultz-Hencke seine Lehre von den Hauptneurosenstrukturen aufgebaut. All diese Einsichten haben die Psychoanalyse aus der ursprünglichen (und historisch notwendigen) Einengung auf Symptom- und Es-Analyse befreit und die Wendung zur *Ich-Analyse* eingeleitet (Neurose als Krankheit des Ich), damit aber auch »vom Symptom zur Person« geführt (Wyß). Die therapeutische Bemühung wurde damit umfassender und persönlich-individueller.

Wir können daher *Neurosen* als *konfliktbedingte Erlebens- und Verhaltensstörungen* bezeichnen, die psychogenetisch durch phasenspezifische Entwicklungsstörungen, Ängste und deren Abwehr bedingt sind, sich in Symptomen oder lediglich in Charakterverzerrungen äußern, *deren entscheidende Determinanten jedoch unbewußt sind*, weshalb sie im allgemeinen nicht ohne analytische Hilfe dauerhaft heilbar erscheinen. Auch hier müssen wir uns dessen bewußt bleiben, daß a) die Grenze zwischen »gesund« und »krank« fließend ist (»neurotoide« Züge hat jeder!), b) der Krankheitsbegriff sozio-kulturell mitdeterminiert ist, c) die Neurose auch einen *positiven* Aspekt hat (Aufruf ungelebten Lebens, Protest gegen repressive Faktoren inadäquater Umwelt, meist der Frühkindheit; Freisein von Neurose besagt nichts über Reife!), d) »Heilung« einer Neurose weder in kritikloser Anpassung an die gängigen Umweltsnormen noch in der Erzielung einer »Konfliktfreiheit« bestehen kann. Dagegen geht es um Ermöglichung von mehr Bewußtheit, größerer Konflikttoleranz, Entfaltung alloplastischer (umweltgestaltender) Fähigkeiten, echter Genuß-, Arbeits- und Liebesfähigkeit (Freud), damit aber auch echter Verzichtsmöglichkeit, insgesamt um mehr Ich-Stärke: »wo Es war, soll Ich werden« (Freud).

3. Aufbau der Neurose

Schultz-Hencke hat den zeitlichen Ablauf der Neurosenentwicklung schematisch unterteilt in:

a) *Erbfaktoren* (genotypische Anlage, Konstitution usw.);

b) *initiale Primärursachen:* peristatische Faktoren der Lebensjahre 1–6, die das volle phasenspezifische Antriebserleben hemmen: Angst, Schuldgefühle, Erlebnislücken usw.;

c) *stabilisierende Faktoren:* Gehemmtheiten führen zu (neurotisch-passiver) Bequemlichkeit, zu illusionär-infantilen Riesenansprüchen (Fehlerwartungen), aber auch zu Minderwertigkeitsgefühl (was die Gehemmtheit sekundär verstärkt) und zur (neurotisch-hyperaktiven) Überkompensation: typische circuli vitiosi. Bildung einer *neurotischen Struktur* mit spezifischer Gehemmtheit, oft aber auch spezifischen »Haltungen« (in denen das jeweils Gehemmte als Antriebsart durchtönt) und spezifischer Ideologie;

d) *(symptom-)auslösende Ursachen:* Innere oder äußere Konflikte und Schicksale, die auf Grund der Entwicklung a–c nicht adäquat bewältigt werden können; Ausbruch der sichtbaren Symptomatik;

e) *chronifizierende Faktoren:* äußere und innere Faktoren, die die Symptomatik weiterhin aufrechterhalten (bestätigendes Umweltinteresse, sekundärer Krankheitsgewinn, automatisierendes »Einüben« der Symptome, Angst vor der Angst, Berentung usw.).

Die symptomauslösende Situation ist meist eine *Versuchungs- und Versagungs-Situation* (Freud, Schultz-Hencke), d. h. ein bisher relativ stabil abgewehrter Triebanspruch wird besonders drängend mobilisiert (»Versuchung«), muß aber aus äußeren oder inneren Gründen besonders stark abgewehrt werden (»Versagung«), wozu die bisherige Abwehr nicht ausreicht. Oft haben diese Versuchungs-Versagungs-Situationen *antriebsspezifische* Qualität, d. h. vorausgehende Hemmung, auslösende Mobilisierung und produziertes Symptom entsprechen der gleichen Kategorie: z. B. oral-kaptative Hemmung bei depressiver Struktur; auslösende Situation: Gehaltserhöhung des (heimlich beneideten) Mitarbeiters; Symptom: plötzlich einsetzende Heißhungeranfälle und Freßsucht. Je »normaler« und üblicherweise bewältigbarer die Auslösersituation objektiv erscheint, eine um so schwerere neurosenstrukturelle Störung (a–c) muß angenommen werden (es muß subjektiv eine besonders empfindliche Kerbe getroffen worden sein). Besonders häufig sind die sog. *Schwellensituationen* des Lebens symptomauslösend (z. B. Kindergarten, Schuleintritt, Pubertät, Berufseintritt, Ehe, Geburt eigener Kinder, Lebensmitte, Klimakterium, Pensionierung, Tod naher Angehöriger usw.); sie stellen jeweils spezifische Versuchungs-Versagungs-Situationen dar. Die symptomlose Bewältigung solcher biographischen Schwellensituationen kann daher ein praktisch wichtiger Anhalt für die Ich-Stärke eines Menschen sein.

In einer Struktur (a–c) haben wir das »geronnene« Ergebnis täglicher dynamischer Auseinandersetzungen von Triebimpulsen mit Umweltantworten und deren weitere Verarbeitung vor uns. Man macht sich auch heute noch viel zuwenig klar, daß oft prägender als dramatische Geschehnisse die täglichen steten Eindrücke auf das Kind wirken: Anregungen und Ermahnungen, Lob und Strafe, beiläufige Redewendungen, die Gesamtatmosphäre, die sich oft allein aus Blicken, Mimik, Sprachmodalität und nichtverbalisierten Spannungen konstituiert, besonders prägend in der jeweiligen antriebsspezifischen »sensiblen Phase«. Diese genetisch gewachsene, durch stabilisierende Lernprozesse und Identifikationen verfestigte Struktur ist beim Erwachsenen auch dann noch wirksam, wenn die Umweltverhältnisse längst anders geworden sind. Eine Neurosenstruktur ist daher eine (pathogene) Anpassung an frühe Kindheitsumwelt, die – chronifiziert – eine gesunde elastische Bewältigung der aktuellen Umwelt verunmöglicht. Durch die weitgehende Amnesie für die Kindheit ist dem Erwachsenen nicht bewußt, daß es sich prinzipiell um *zufällige* Endergebnisse früher Konflikte handelt, die in andersgearteter Umwelt anders ausgefallen wären.

Schultz-Hencke hat, aufbauend auf Freud, Abraham, Reich und anderen, vier Hauptneurosenstrukturen beschrieben, die wir hier – unter Einbezug der klassischen Triebiehre und der Lehre von den Abwehrmechanismen, die bei Schultz-Hencke allzu sehr auf den Begriff der Hemmung reduziert erscheint – kurz skizzieren wollen. Sie sind gewissermaßen Zerrformen und oft sogar Extremvarianten einer gesunden Persönlichkeitsentwicklung, was in besonders lebendig-anschaulicher Weise Riemann geschildert hat. Es wäre freilich ein – aus ungenügender Kenntnis der Strukturen stammendes – Mißverständnis, darin so etwas wie eine »Typologie« zu sehen, vergleichbar den vielen Typologien in der Geschichte der Psychologie. Einmal ist die Lehre von den Neurosenstrukturen nicht ausschließlich von der linearen Entfaltung erbmäßiger Anlagen her konzipiert, sondern psychodynamisch-genetisch und daher weder fatalistisch noch endgültig festlegend. Gerade ihre therapeutische und selbsterzieherische Wandelbarkeit beruht ja auf ihrer immanenten Psychodynamik.

Sie hat weiter großen diagnostischen und therapeutischen Wert, können wir doch aus der Empirie bei Vorliegen ausgeprägter Neurosenstrukturen schon mit relativer Sicherheit darauf schließen, welche genetischen Entfaltungsschritte gestört sind, welche Triebkategorien besonders blockiert wurden, welche spezifischen Abwehrmechanismen wir als wirksam vorfinden usw. In der Praxis finden wir freilich meist *Mischformen* und selten die idealtypischen Ausprägungen vor, die wir jetzt – aus didaktischen Gründen – näher ansehen wollen.

5. *Die schizoide Neurosenstruktur*

Phänomenologisch sind schizoide Menschen gekennzeichnet durch ein besonders ausgeprägtes Bestreben, unabhängige und autarke, von niemand abhängige und auf niemand angewiesene Individualisten zu sein. Diese Distanz läßt sie unpersönlich, von unnahbarer Kühle erscheinen, was freilich durch gewandt-oberflächlichen Scheinkontakt (»schizoide Pseudoherzlichkeit«) kaschiert sein kann. Oft zeigen sie aber auch offen schroff-verletzendes Verhalten, taktlos wirkendes Benehmen, manierierte Gestik, gespreizten Sprachstil, kurz: das Wesen eines Sonderlings. Ihr bewußtes Interesse gilt vorwiegend sachlichen, objektiven und abstrakten Fakten (Kernphysiker, Astronomen, Mathematiker), sie schaffen sich gern eine Enklave, in der sie dann auch künstlerischen (abstrakte Maler) oder philosophischen Interessen nachgehen. Über ein neutrales Medium (z. B. theoretisches Studium der Psychologie) suchen sie eine Art Fernkontakt zum Leben, dessen direkt-hautnahe Berührung sie eher scheuen. Von noch relativ »normal« wirkenden Persönlichkeiten führt hier eine breite Skala zum Pathologischen hin, über Einzelgänger, Außenseiter, Sonderlinge bis zum Asozialen, Kriminellen und Präpsychotiker. Oft sind sie skeptisch-zynisch bis zum Nihilismus, aber auch scharfsinnig und mit ihren oft hellsichtig treffenden Urteilen verletzend, ohne dies zu bemerken. Durch ihren gesteigerten Narzißmus wirken sie selbstüberheblich-arrogant und »souverän«-egozentrisch. In der Gesellschaft stellen sie oft ein fruchtbares intellektuelles Ferment dar, können aber auch durch radikale Einseitigkeit destruktive Wirkungen entfalten.

Unter ihnen finden wir viele der großen Genies der Menschheit, die aus ihrer abwehrend-kritischen Distanz zu herrschenden Denkgewohnheiten Zugang zu Einsichten und Erkenntnissen fanden, die anderen, mehr den Zeitläuften verhafteten, »angepaßteren« Menschen nicht zugänglich waren. Die innere Differenziertheit reicht von mimosenhafter Sensibilität bis hin zur völligen Stumpfheit; hochempfindsame Ästheten mit hoher formaler Begabtheit finden sich ebenso wie skrupellos-primitive Rohlinge, denen jedes Gefühl abzugehen scheint. Die entscheidenden diagnostischen Merkmale (aber bei oberflächlichem Kontakt oft kaum zu eruieren) sind: Distanz, Kühle, Autarkiebestreben, Unabhängigkeitsbedürfnis, Vermeidung intimer Emotionalität, vor allem aber tiefstes grundsätzliches *Mißtrauen.*

Symptome: psychisch ein Gefühl innerer Leere und Sinnlosigkeit, Liebesunfähigkeit durch »gläsernes« Distanzgefühl, größte Schwierigkeiten in den praktischen Dingen des Lebens und in emotional aufgeladenen Situationen. In Grenzfällen: Depersonalisations- und Derealisationserlebnisse, Ichentleerung, Angst vor Psychose, Selbstmordtendenzen, paranoide Zustände. Körperlich: chronische Ekzeme und chronisches Asthma oft von früher Kindheit an, Störungen der Sinnesorgane.

Spezifische Angstinhalte: Bewußt erleben sich Schizoide zwar oft als völlig angstfrei; hinter dieser Leugnung ist aber zutiefst die immense Angst vor der Nähe, vor Kontakt und emotionaler Bezogenheit verborgen. Um ihr nicht zu begegnen, streben sie nach Autarkie. Die frühe Lebensgeschichte zeigt, wie aus fehlendem Urvertrauen oder aus massiven Enttäuschungen im Vertrauenwollen die Ansätze zu Hingabe und Bindung durch die *Angst vor Objektverlust* oder Überwältigtwerden durch das Objekt gefährdet wurden. Bei primärer Schizoidie finden wir genetisch schwere Störungen in der Phase der Entstehung der ersten Objektbeziehungen, so daß sich *intentionale Störungen* (s. Kap. D, 4) bildeten. Bei mehr sekundärer Schizoidie haben besonders traumatische Ereignisse in späteren Phasen den Rückzug von den Objekten bewirkt. Als Kinder waren die Schizoiden – bei manchmal guter äußerlicher (hygienischer und materieller) Versorgung – in emotionaler Hinsicht chronisch Unter- oder Fehlernährte und in ihrem Eigenwesen abgelehnt und unverstanden: z. B. Kaspar-Hauser-Schicksale, uneheliche, abgelehnte oder offen gehaßte Kinder, stark ambivalente Mütter, lange Waisenhaus-, Heim- und Klinikaufenthalte. Aktualsituationen von großer emotional-affektiver Ladung können die Gefahr des Ausbruchs eines psychotischen Schubs bedingen. Matussek wies darauf hin, daß Schizoide ihrer frühen Mangelerlebnisse wegen im Grunde kontaktsüchtig sind und deswegen eine symbiotische Auslieferungsgefahr mit Ichverlust fürchten müssen, was sie durch völligen Kontaktabbruch (Autismus) abwehren. Auf die weiteren Ergebnisse der psychoanalytischen Psychosenforschung kann hier nicht eingegangen werden.

Einige Charakteristika des *psychodynamischen Erlebens:*

a) Schizoide Kontaktlabilität kann mit dem Bild der »schleifenden Kupplung« (Riemann) gut gekennzeichnet werden: Beim geringsten Mißtrauen wird sofort »ausgekuppelt«; ebenso ruckartig kann wieder »eingekuppelt« werden, was dem Kontaktverhalten den abrupten Charakter verleiht. Mit diesem Hin und Her zwischen taktloser Direktheit und blitzartigem inneren Rückzug ecken die Schizoiden partnerirritierend ständig an, wodurch sekundär eine immer größere Verständigungskluft zur Welt hin entsteht. In diesem Circulus vitiosus des zunehmenden Mangels an Erfahrungsgewinn an und mit der Welt, was diese un-heimlich werden und bleiben läßt, erfolgt ein Rückzug auf die Welt der inneren Zuständlichkeit, was, oft auf der Grundlage angeborener Hypersensibilität, auch zur Hypochondrie führen kann. Während die Außenwelt blaß, farblos, fremd wird (was sich in der schizophrenen Psychose, durch Libidoabzug, zum Objektverlust steigert, der subjektiv als »Weltuntergang« erlebt wird), werden die Inhalte des eigenen Unbewußten um so mehr besetzt mit der Gefahr, daß das schwache Ich von archetypischen Bildern überflutet wird, die mangels Erfahrungsrealität an der Außenwelt ungenügend »geerdet« sind (psychotische Inflation).

b) Die gestörte Objektbeziehung beeinträchtigt die Selbstfindung. Im normalen Kontakt mit der Realität werden sowohl die Möglichkeiten wie die Grenzen der eigenen Kräfte zum Erfahrungsgut als Grundlage realistischer Selbstbeurteilung. Der Schizoide kann aber in emotionalen Konflikten nur ungenügend zwischen Nicht-Ich und Ich unterscheiden. Er ist sich weitgehend unklar darüber, ob er es mit Außen- oder Innenreizen, mit äußeren oder inneren »Stimmen« zu tun hat. Er projiziert Inneres nach außen (paranoide Erlebnisse) und introjiziert Außenweltliches (versteht z. B. auf einmal die »Seele der Landschaft«): *projektive Identifikation.* Das Beispiel vom anfahrenden Zug (fahren wir oder fährt der Parallelzug?) verdeutlicht das vergleichbare schizoide Unsicherheitserleben. In diese seelische Unklarheit zwischen Innen und Außen hinein können nun eigene Wünsche und Ängste hineinprojiziert werden (lachen mich die anderen aus, oder mache ich mich über sie lustig?), während beim Übergang in den Wahn aus diesen Unsicherheiten paranoische Gewißheiten werden.

c) Mangels emotionalen Kontakts und eines verläßlichen Realitätsbezugs als steuernder Matrix für die Triebe bleiben die Triebenergien einerseits undifferenziert archaisch und andererseits zurückgestaut, so daß der Schizoide oft unter erheblichem *Entladungsdruck* starker Es-Antriebe steht, deren ungesteuerten Durchbruch er mit seinen gesunden Ich-Anteilen vage fürchtet: Gestaute Aggression könnte sich im »kalten Mord« blitzartig entladen, und Sexualität könnte »nackt, ohne Liebe« durchbrechen. Da andererseits gerade die Sexualität in archaisch-unbezogener Form zum Kontaktersatz des Schizoiden werden kann, suchen sich solche Menschen als Sexual-»Objekte« oft Dirnen oder masochistische Frauen. Schizoide Soziopathie und Kriminalität so gestörter Menschen muß daher als Krankheit gewertet werden.

d) Die Gefahren in ihren ungekonnten Kontaktversuchen lassen den Schizoiden aktive Annäherungen eher meiden; sie ziehen sich auf ein Leben in möglichster *Re-aktivität* zurück. Im Mißtrauen gegen sich und andere sind sie ständig auf dem qui vive, bleiben sich und den anderen fremd, was dann, besonders in emotional trächtigen Situationen, zur Depersonalisation, Derealisation und letztlich zum Gefühl des Identitätsverlusts führen kann. Der Schizoide erlebt sich dann nicht mehr als ein Kontinuum in der Zeit; keine erlebbare Brücke führt in Vergangenheit und Zukunft. War ich früher derselbe oder ein anderer? so schildert M. Frisch in *Stiller* schizoides Erleben.

e) Verständlich daher, daß sich Schizoide vor der intimen Nähe und ihrer emotionalen Versuchung und affektiven Gefährdung zu sichern versuchen, durch »Abschalten« eigener Gefühle und verletzendes Ironisieren der der anderen, wobei oft hellsichtig deren verwundbarste Stellen getroffen und menschliche Zuwendung der anderen zynisch kommentiert oder als sexuelle bzw. homosexuelle Verführung unbewußt fehlinterpretiert wird. Die Fähigkeit des Schizoiden, den Mangel an vertrautem emotionalem Nahkontakt durch Intellektualisieren, durch scharfe Beobachtung und feinstes seismographisches Registrieren des Atmosphärischen auszugleichen, läßt an ein vorgeschobenes Radarsystem denken, mit dem das grenzenbedrohende Verhalten der anderen rechtzeitig geortet werden soll (Stierlin). Zusätzlich läßt die narzißtische, alles auf sich beziehende Interpretation eine ständige mißtrauisch-paranoide Wachheit entstehen. Äußerlich sieht dies oft wie faszinierend virtuose Lebenstechnik aus: ungerührte und unrührbare Menschen, von sachlicher Überlegenheit. In Wirklichkeit muß der Mangel an Gefühlssicherheit durch objektiv-verläßliche (wissenschaftliche, theoretische, statistische) Sicherheiten ersetzt werden. Während Realerfahrung und einfühlende Rücksicht im Leben zu Kompromissen zwingt, führt die schizoide Lebens- und Gefühlsfremdheit zu radikalen und rücksichtslosen Extrempositionen (Alles- oder Nichts-Standpunkt). Da ein Partner den unumschränkten Narzißmus stört, regrediert das Triebleben oft auf autoerotische Handlungen (z. B. exzessive, oft rein mechanische Onanie) oder es entstehen Perversionen wie Transvestitismus (Versuch Mann und Frau zugleich und damit autark zu sein), Fetischismus, Sodomie, ja Nekrophilie. Gefühlsbeziehung kann am ehesten noch gegenüber Kindern und Tieren gelebt werden, also da, wo die eigene Überlegenheit unstörbarer und alles überschaubarer ist; manchmal bleibt eine abstrakte Idee von Menschenliebe (ohne konkreten Bezug) oder eine ästhetisierte Liebe zur Natur übrig. Immer ist tiefe Einsamkeit das Schicksal des Schizoiden.

Daß im *psychosomatischen* Bereich gerade die Haut (Kontaktorgan der intentionalen Phase, körperliche Grenze zwischen Innen und Außen) und die Sinnesorgane besonders anfällig für die Somatisierung der schizoiden Probleme werden können, ist nicht verwunderlich.

Die von vielen Psychotherapeuten beobachtete Zunahme der Schizoidie in unserer Zeit hängt vermutlich auch mit entfremdenden Veränderungen unseres gesellschaftlichen Lebens im Vergleich zu früher zusammen; sie ist insofern nicht nur individualgenetisch begründet. Der Zusammenbruch vieler zwar einengender, aber auch schützende Sicherheit verleihender Traditionen und Bindungen einer »heilen Welt« und der Pluralismus der Gesellschaft, die zunehmende Zivilisation und die sprunghafte Erweiterung der Technik bei weit zurückhinkender Mitreifung des Menschen, die Entemotionalisierung der Familie durch die Arbeitswelt der Erwachsenen, die Vater und Mutter als Identifikationsobjekte zunehmend der Kinderwelt entfremden, die Verdünnung elementarer Naturverbundenheitserlebnisse durch die Technik, die kollektiven Durchbrüche barbarischer und zugleich sachlich-perfekter Unmenschlichkeit und ihre bürgerliche Verleugnung, all die Faktoren, die auch im Seismographen moderner Kunst im Mittelpunkt anklagender Darstellung stehen, müssen wir wohl als sozio-kulturelle Faktoren mit in Betracht ziehen. Gerade in dieser Besinnung auf elementare Grundbedingungen des Menschseins scheint aber auch ein heilsames Gegengewicht zu liegen, das in den Bemühungen um ein menschenwürdigeres Verständnis gegenüber dem Psychotiker, um ein besseres Verstehen (statt Verurteilen) von Außenseitern und Minderheiten und um eine psychotherapeutische Arbeit mit Schizoiden zum Tragen kommt.

6. Die depressive Neurosenstruktur

Hier muß unterschieden werden zwischen dem klinischen Zustand der Depression und einem aus einer depressiven Struktur resultierenden Lebensgrundgefühl und entsprechendem Verhalten und Erleben.

Depression: Zustände von Apathie, Lust- und Hoffnungslosigkeit, Schwermut, Schlaf- und Appetitstörungen usw., deren Skala von depressiven Verstimmungen mit Tagesschwankungen bis zu den schweren Fällen mit ständigen Selbstanklagen, Selbstmordimpulsen und Suizid reicht. Ist ein äußerer Anlaß vorhanden, der die Depression verständlich erscheinen läßt, so spricht der Psychiater von *reaktiver Depression.* Scheinen jedoch keine ausreichenden Gründe, aber erbliche Belastung vorhanden zu sein, kehren die Phasen in Abständen wieder oder werden sie gar durch das Bild der Manie (plötzliches Hochgefühl mit Selbstüberschätzung, Ideenflucht, unrealistischem Verhalten usw.) abgelöst, so neigt man zu der Diagnose einer *sog. endogenen Depression.*

Depressive Neurosenstruktur: Sie kann Grundlage der Depressionszustände sein, ohne jedoch zu diesen führen zu müssen, und wird in leichterer Ausprägung oft gar nicht erkannt, da sie unauffälliger, manchem sogar als »normal« erscheint.

Phänomenologisch sind solche Menschen dadurch charakterisiert, daß sie in Situationen, in denen ein Gesunder zugreifen und sich aktiv betätigen würde, sich lieber passiv zurückhalten, »bescheidener« und objektabhängiger sind, sich von außen her bestimmen und auch überfordern lassen, ohne ihre eigenen Möglichkeiten genügend wahrzunehmen. Sie können nur schwer bitten, fordern, fragen, vermeiden aggressive selbstbehauptende Auseinandersetzungen und sind eher bereit, sich in Ansprüche anderer einzufühlen, als die eigenen durchzusetzen. Ihr Lebensgrundgefühl ist meist charakterisiert durch mangelndes Selbstvertrauen und geringes Selbstwertgefühl, verschattet von pessimistischer Hoffnungslosigkeit und Mangel an aktiv-prospektiven Plänen, Initiative und selbständiger Zukunftsgestaltung. Während der Schizoide Distanz wahrt, suchen Depressive in oft anklammerndhaftender Weise Nähe, Intimität und Geborgenheit, meist bei einem oder wenigen Vertrauten, weshalb sie oft in der Primärgruppe der Familie verbleiben. Von mehr Gemüt als der Schizoide, können sie emotional warmherzig und von seelischem Tiefgang sein; bei schwereren Fällen (und Mischstrukturen mit schizoidem Untergrund) herrschen Apathie und emotionale Leere vor. Charakteristisch sind also phänomenologisch: hilflose Entmutigung und *Abhängigkeit,* Rückzug von expansiven und prospektiven Aktivitäten, anklammernde Suche nach Geborgenheit im Du, Angst vor Alleingelassenwerden sowie Schuldgefühlsstimmung und tiefe Minderwertigkeitsgefühle.

Symptome: Darniederliegen vitaler Lebensimpulse, Schlafstörungen und typische Morgenmüdigkeit, Ausbruch der eigentlichen Depression, psychosomatische Störungen am oralen oberen Verdauungstrakt einschließlich des Magens: z. B. gehäufte Anginen, Gastritis, Magen- und Duodenalgeschwür, chronische Störungen des Hungererlebens (Fettsucht, Magersucht) usw., oft mit Beteiligung anderer Neurosenstruktur-Komponenten.

Angstinhalt: Der grundlegende Angstinhalt ist die Angst vor dem Objektverlust und vor dem Verlust der Liebe des Objekts. Um der Trennungsangst zu begegnen, neigen Depressive dazu, alle Impulse der Eigenständigkeit (»egoistische« Impulse) zu vermeiden, die ins Schuldgefühl, aber auch in die (gefürchtete) Selbständigkeit führen würden. Durch überwertige Anpassung, Gefügigkeit, partielle Selbst-Aufgabe, aber auch masochistisch-sadistische Erpressung durch Leiden in Opferhaltung versuchen sie den Partner so verpflichtend an sich zu ketten, wie ein Kind sich an die Mutter klammert und ihr alles zuliebe tut, damit sie nicht weggeht. Das Du wird äußerlich wichtiger als das Ich; wegen der Trennungsangst können sie nicht wünschendes, wollendes und handelndes Subjekt um ihrer selbst willen werden und verharren in überangepaßter Objekt-Haltung.

Genetisch liegen die Störungsansätze in der oral-kaptativen, aber oft auch in der analen und motorisch-aggressiven Phase (Kap. D, 5–7).

Der *psychodynamische Ablauf* im Alltag ist u. a. durch folgende Charakteristika ausgezeichnet:

a) Aktuell ist meist typisch, daß im richtigen Augenblick *nicht »zugegriffen«* werden kann, sei es, weil die oral-kaptativen Wünsche – verdrängt – nicht erlebt werden (Erlebnislücke), sei es, daß man nicht wagt, so »unbescheiden« zu sein. Man läßt den anderen den Vortritt, erfüllt die Wünsche der anderen, seien sie real, nur vermutet oder projektiv delegiert.

b) Da die oralen Anmutungserlebnisse mit ihrem Aufforderungscharakter genetisch begründete Enttäuschungserwartung und Schuldgefühle mobilisieren, werden auch diese äußeren Reize entweder abgewertet (Saure-Trauben-Politik) oder gefiltert und schließlich nicht mehr wahrgenommen (Skotomisierung): *Enttäuschungs-Prophylaxe.* Blind geworden für Chancen und Möglichkeiten, die sich konkret jeweils böten,

Skotom = dkl. Fleck vor dem Auge

kommt der Depressive dadurch erneut zu kurz, schützt sich jedoch dadurch auch vor rivalisierenden Auseinandersetzungen wie vor dem gefürchteten Neid der anderen (»Polykrates-Neurose«), Situationen, die man lieber durch »Verzicht und Opfer« unterwandert.

c) Durch die *Projektion* gestaut-verdrängter oraler Wünsche jedoch bekommt die Umwelt subjektiv zusätzlich fordernden, ja verschlingenden Charakter. Man wird zum Sklaven dieser projizierten Ansprüche (»die Arbeit *frißt* mich auf«), andererseits kann die Erfüllung dieser Fremdforderungen zur einzig selbstbestätigenden Lebensaufgabe werden, die angesichts der – mangels Eigenintiative und gesundem Egoismus drohenden – prospektiven Leere den letzten Halt vor dem Nichts der Bedeutungslosigkeit bietet. Während der Schizoide sich überwertig egozentrisch um sich selbst dreht, kommt es hier zur Hypertrophie der Hingabeseite.

d) Ein Zusammenbruch bzw. das Einsetzen einer akuten Depression kann beim *Verlust* einer solchen Lebensaufgabe bzw. des *Objekts*, an das sie geknüpft ist, erfolgen, z. B. beim Tod der alten Mutter (oder dem Wegzug der Kinder), derentwegen man das eigene Leben geopfert und versäumt hat. Hier wird dann offenbar, wieviel unbewußte Ansprüche unter dieser Opferhaltung heimlich an dieses Objekt geheftet wurden. Depressionsauslösend kann aber auch eine, äußerlich gesehen, Verbesserung der Eigenposition wirken, z. B. das Aufrücken in eine höhere Position, in der aber auch subjekthafte Eigeninitiative erwartet wird, die durch genetische Schuldgefühle, aber zusätzlich auch durch mangelnd geübte Fähigkeiten bedrohlich ist.

e) Da die Welt vom Depressiven nie als ein offenes Feld für eigengestaltende Aktivität erlebt werden konnte, wird – wie auch bei anderen neurotischen Strukturen – ein Rückzug in eine *illusionäre Wunschwelt* angetreten: Tagträumereien, regressive Stimmungen von Sehnsucht und Heimweh, Introversion (die dann nicht anlagebedingt, sondern Ergebnis neurotischer Aktivitätshemmung ist), neurotische »Bequemlichkeit« (hinter deren wie simple Faulheit aussehenden Fassade Hoffnungslosigkeit, Langeweile und Entmutigung stecken), aber auch unbewußte Fehl- und Riesenerwartungen in Form von Schlaraffenland-Phantasien. Auch der Realitätsbezug ist gestört: Die Hoffnung hängt am absolut und total Guten, und die nicht erreichbare Taube auf dem Dach wird wichtiger als der Spatz in der Hand. Es ist eine Frage spezieller Untergruppen dieser Struktur sowie ihrer Mischung mit anderen Strukturanteilen, ob die orale Ansprüchlichkeit unbewußt bleibt, die Strategie erpresserischer Schuldgefühlerzeugung einschlägt oder gar in den zweifelhaften »masochistischen Triumph« mündet (»es geschieht den anderen ganz recht, daß es mir so schlecht geht«).

f) Aus der Not der oralen Gehemmtheit wird rationalisierend die Tugend des Besserseins gemacht *(depressive Ideologie):* Man ist eben nicht so materialistisch wie die andern, hat statt Ellenbogen eben Ideale usw. Durch Verteufelung gesunder Fähigkeiten wird die eigene Schwäche heimlich oder expressis verbis zur moralischen Apotheose aufgewertet, oft religiös verbrämt durch Lohnerwartung im Jenseits für sich (und Strafe für die anderen).

Was dem Depressiven im *oralen* Bereich nicht echt gelingen kann, ist wegen der ihm unmöglichen aktiven Verwirklichung oraler Wünsche der wirkliche Verzicht auf diese bzw. auf die Bezugspersonen, die sie passiv befriedigen sollen, daher seine Abhängigkeit bis zur Hörigkeit. Im Grunde ist der Depressive voll Ressentiment und Resignation, muß aber zugleich Gier-, Neid- und Rachetendenzen abwehren, von denen er zutiefst erfüllt ist. So kann ihm auch die normale »Trauerarbeit« (Freud) beim Elternverlust nicht gelingen, d. h. er ist nicht fähig, seine Libido allmählich aus dem verlorenen Objekt abzuziehen und sie auf neue Objekte zu richten. Er bleibt in der Tantalus-Situation gefangen, an Zufuhr passiver Befriedigungen durch ein *Ideal*-Objekt fixiert, worin auch die unbewußten narzißtischen Größenphantasien begründet sind, die ihn zusätzlich so verletzbar machen.

Wenn es zur Ausbildung schwerer depressiver Phasen (Schuldgefühl über die Eigenexistenz als solche, Selbstanklagen) und Suizidimpulsen kommt, dann liegt intrapsychisch eine *aggressive* Auseinandersetzung mit dem Introjekt der versagenden Mutter vor. Der Suizid ist unbewußt ein nachträglicher Muttermord und Rache an dem grausamen Mutterbild, das man introjektiv ins eigene Ich bzw. Über-Ich einverleibt hat. In dem Kampf des Ich, einerseits vom Über-Ich als Nachfolger der Mutter so geliebt zu werden, wie man es einst von der Mutter wünschte, und doch immer in Schuld vor so rigorosen Über-Ich-Forderungen zu bleiben, andererseits in der Wendung der Aggression gegen das Introjekt statt nach außen zerreibt sich die seelische Energie des schwerer Depressiven. Die Regression auf symbiotische Verschmelzungswünsche mit einem idealen Objekt kann sich ebenfalls im Suizid verwirklichen, der auch durch Wünsche nach Rückkehr in den Mutterleib motiviert sein kann oder durch den, im Tod mit dem Liebesobjekt wieder vereint zu sein.

Soweit sich die Aggression partiell zu gesunder Aktivität weiterentwickeln konnte, ist diese (objektiv oft durchaus leistungsfähige) Tätigkeit nicht genügend getragen von sachlichem Eigeninteresse, sondern auf Geliebtwerden durch den, »für den man so viel tut«, ausgerichtet, wodurch der Depressive letztlich doch – trotz äußerlicher Fähigkeit zur Selbsterhaltung – abhängig und unfrei bleiben muß: Ein väterlicher Chef oder eine mütterliche Ehefrau sollen unbewußt die Idealität einer spendenden Mutterbrust und eines bergenden Mutterschoßes erfüllen. Der Depressive muß daher von allen Partnern enttäuscht bleiben, sich (im Gegensatz zum Hysteriker) daran aber immer wieder selbst als enttäuschend und lebensunwert erleben, so daß Schuldgefühle aus Haß und narzißtischer Kränkung zu seinen ständigen Begleitern werden.

Besonders wenn partielle Verwöhnungsinseln genetisch vorgelegen haben, kann es zur Ausbildung von *Sucht*formen verschiedener Art kommen. Das Suchtmittel hat dann den unbewußten Aspekt einer verwöhnenden, über alles hinwegtröstenden Ersatzmutter. In der Sucht wird einerseits versucht, angesichts eigener Leere und des Versagens in adäquater Lebensbewältigung das geknickte Selbstgefühl künstlich zu stärken und so die Depression abzuwehren, andererseits sich der enttäuschenden »harten« Realität zu entziehen und sich kurzfristige Lust durch Selbstverwöhnung zu beschaffen. Die Abhängigkeit vom Suchtmittel entspricht dann der ursprünglichen vom Bezugsobjekt. Manche oralen Suchtmittel

(Alkohol) sollen auch dazu dienen, das überstrenge Über-Ich zu »narkotisieren«, wobei aber diese »Ersatzmutter« letztlich somatisch ebenso destruktiv wirkt wie das introjizierte Bild der Mutter auf psychischem Weg. Primäres und regressiv primitives Luststreben muß dann den Mangel an Lebensfreude auffüllen.

7. Die zwanghafte Neurosenstruktur

Auch hier muß unterschieden werden zwischen dem klassischen Bild einer *Zwangsneurose* mit der typischen Symptomatik oft sehr komplex aufgebauter Zwangsideen, -handlungen und -zeremonielle und der stets zugrunde liegenden zwanghaften *Struktur* (oft verschärft durch schizoide und depressive Anteile), die jedoch mit leichteren Symptomen einhergehen kann oder – nahezu symptomlos – lediglich typische Erlebens- und Verhaltensweisen bewirkt.

Phänomenologisch geht von solchen Menschen, wie der Name schon andeutet, eine Atmosphäre von Beherrschung, Einengung, Verhaltenheit, Kontrolle und Gesetz aus. Selten sind sie elastisch-spontan, ihre Vitalität kommt wie durch Düsen gepreßt, mehrfach kontrolliert und reflektiert. Sie handeln prinzipiell und starr oder wirken zögernd-abwartend, sich zurücknehmend und -haltend. Die überwertige Verantwortungsschwere, die über ihnen liegt, läßt sie eher ernst, oft humorlos und allzu rational wirken. Alles Neue, Lebendige und Ungewohnte wird skeptisch vermieden. Das zwanghafte Kausalbedürfnis fördert Haltungen von Pedanterie, Rechthaberei, Spitzfindigkeit und Haarspalterei, hinter denen als Grunderlebnis der ambivalente Zweifel steht. Die ständige Sorge, ob etwas grundsätzlich und prinzipiell richtig oder falsch ist, ist Ausdruck einer oft nahezu unmenschlichen Tendenz zum Perfektionismus, lähmt die Entscheidungskraft und kann im Extremfall jede gesunde Aktivität lahmlegen. Wie ein wandelndes Über-Ich wirkend sind diese Menschen durch ihre überwertige Tendenz zum Absoluten, Ewig-Gültigen, das freilich nie erreichbar ist, zu quälender Skrupelhaftigkeit, Dysphorie und Schuldgefühlen verurteilt. Moral gilt mehr als Ethik, monotoner »Takt« ersetzt lebendigen Rhythmus, und Gesetz

Krankhafte Verantwortung

wird wichtiger als Liebe und spontane Menschlichkeit. Härte gegen sich und andere bewirkt asketische und fanatische Züge, die mit Haß und Verachtung aufgeladen sind. Hinter all diesen Ausprägungen spürt man letztlich eine überwertige Sicherungstendenz von zentripetal-bewahrendem Charakter. Da das Lebendig-Dynamische so blockiert ist, neigen sie eher zu Handlungsvermeidung und zum »Totstell-Reflex«.

Symptome: Grübel-, Erinnerungs-, Vergewisserungs-, Ordnungs-Wasch-, Zählzwänge usw. bis zur ausgeprägten Zwangsneurose, zwanghaft-absurde Gedankengänge, lähmender Zweifel, Entscheidungsunfähigkeit, Arbeits- und Lernstörungen, Stottern, Tics aller Art, psychosomatische Krankheiten des unteren Verdauungsapparates (z. B. psychogene Obstipation), des Bewegungsapparates (chronische Muskelverkrampfungen, psychogener Rheumatismus, Skelettveränderungen und orthopädische Haltungsstörungen), Anfallsleiden wie Migräne, Kopfschmerzen, Herz- und Kreislaufstörungen (Hypertonie), Potenzstörungen.

Angstinhalte: Schon vom phänomenologischen Aspekt her zeigt sich als Hauptangst die vor der Hingabe, sei es Hingabe an die eigenen lebendigen Impulse, die eigene Arbeit oder den menschlichen Partner (Riemann). Hingabeimpulse werden abgewehrt durch betonte Selbstbewahrung, Sicherung und durch konservatives Festhalten am Alten. Am liebsten würde der Zwanghafte die Zeit und den Wandel anhalten (Todesaspekt) und die Dauer und Sicherheit des absolut Verläßlichen und Überschaubaren gegen die Angst einsetzen. Genetisch stehen dahinter primäre Angstinhalte, die jedoch unbewußt sind: Angst vor Liebesverlust durch das frühe Objekt (ähnlich der depressiven Struktur), Kastrations- sowie Über-Ich-(»Gewissens«-)Angst.

Genetisch liegen die phasenspezifischen Ansatzpunkte in der anal-retentiven und in der motorisch-aggressiven Phase, oft bei vorausgehenden intentionalen und oralen Störungen. Auch die phallische Phase verläuft dann partiell gestört (Kap. D, 6–12).

Der *psychodynamische Ablauf* im Alltag ist folgendermaßen gekennzeichnet:

a) durch *Substanzverlustängste* werden Hergeben und Schenken gefährlich; es resultieren Züge von Geiz und übertriebener Sparsamkeit sogar an (symbolischen) kleinsten Beträgen (Verschiebung auf das Kleinste), aber auch schweigende Verhaltenheit, mangelnder Einsatz in eine Sache bezüglich Zeit, Geld, Interesse, Energie, so daß die notwendige Vorschußleistung in der Arbeit ohne vorherige Erfolgsgarantie nicht zustande kommt. »Hinten-herum« sucht man etwas herauszuholen (anale »Bescheißtendenzen«).

b) Die anale *Schmutzangst* äußert sich übertragen in einem Mißtrauen gegenüber allem, was aus einem »herauskommt«: alle Produkte, Worte und Gedanken müssen daher immer wieder überprüft und purifiziert werden, so daß z. B. ein Schulaufsatz nie fertig wird, mit dessen Nicht-Perfektion man sich blamieren, aber auch sichtbar festlegen und dann in die Schußlinie der Kritik geraten könnte. Eine berufliche Stellung kann erst angenommen werden, wenn man ihr mit absoluter Garantie perfekt gewachsen ist, also nie; das Examen wird erst gewagt, wenn man hundertprozentig »alles weiß und keinen Mist mehr redet« (ewiger Student). Sexuelle Impulse werden als »unrein« erlebt, übertriebene Hygiene als Ekelabwehr stört jeden zärtlichen und leidenschaftlichen Kontakt. Die Welt soll »sterilisiert« werden, ein Bemühen, über dem man selbst unproduktiv steril wird.

c) Die *Angst vor destruktivem Haß* führt in verklemmter Vermeidung befreiender Wut oder gesunden Zorns zu zynischem Sarkasmus, »Herumstänkern«, intellektuell-ironischer oder (durch Isolierung) von Affekt und Emotion »gereinigter« übersachlicher Kritik, wenn nicht zu vordergründig-gefügigem Nachgeben (depressive Beimischung). An Stelle produktiver Aggression tritt trotzig-sture Rechthaberei, Bestehen auf formalen Gesetzlichkeiten (verkappter Sadismus), fanatischer Dogmatismus. Regeln erstarren, ihrer lebendigen Elastizität entkleidet, zu orthodoxem Gesetzesformalismus, der grundsätzlich keine Ausnahmen kennt (rächende Umkehr der an sich selbst erlebten kommentarlosen und Einsicht verunmöglichenden »Basta«-Haltung der Eltern). In Identifikation mit dem eigenen Über-Ich unterdrückt man auch die anderen. So wird man im Straßenverkehr nicht einmal ein Gelblicht überfahren, aber – da prinzipiell im Recht – jede regelhaft zustehende Vorfahrt erzwingen. Man fährt vielleicht rasant auf den Fußgängerüberweg zu, bremst aber dann scharf, so daß der Nachfolger auffährt. Man ist »im Recht«, hat aber die eigene verdrängte Aggression indirekt am anderen konstelliert. Die Schuldgefühle über diese verdrängten Aggressionen äußern sich auch darin, daß man das, was »hinter« einem liegt, immer neu überprüfen muß (Zwangsgrübeln, Erinnerungszwang).

d) Das Irrationale, also das »unberechenbar« Affektiv-Emotionale und ständig fließend sich-Wandelnde, soll möglichst ausgeschaltet werden. Die Realitäten (Zeit, Geld, Ordnung) werden als Sicherheitsgaranten daher überwertig. Aber das Irrationale kommt durch die Hintertür doch wieder ins Spiel, z. B. in Form des *Aberglaubens* und der *Magie*. Da das lebendige Leben unbewältigbar erscheint, muß auf das magische Denken und auf infantile Allmachtsphantasien regrediert werden, was sich auch in den Zwangszeremoniellen äußert, analog vielen Zauber- und Kulthandlungen primitiver Völker. Aggressive Gedanken werden dann wie aggressive Handlungen erlebt und gefürchtet und ihre Wirksamkeit magisch überschätzt. Das Interesse an Spuk- und Geistergeschichten, an Kriminalromanen, am Unheimlichen und Toten spiegelt dies wider.

Im einzelnen ist der Impulsablauf dadurch grundlegend gestört, daß dem Impuls nicht die Handlung, sondern der die Impulsenergie lähmende *Hiatus des Zögerns* folgt, worauf sich dann, auf der Grundlage der Ambivalenz, auch der Gegenimpuls anbietet, was dann zum Ansatz der Reaktionsbildung und im weiteren zu (gegen den primären Impuls gerichteten) Zwangshandlungen führt. Dabei spielen neben der Reaktionsbildung vor allem die Abwehrmechanismen der Isolierung, des Ungeschehenmachens, der Verschiebung auf ein Kleinstes und die Trieb- und partielle Ich-Regression (auf die anal-sadistische Stufe bzw. das magische Denken) die Hauptrolle.

Die Sexualität kann funktional oft durchaus gelebt werden; bei genauerem Zusehen aber ist das Liebesleben unemotional (der Zwanghafte denkt, wo eigentlich gefühlt werden sollte), die Zärtlichkeit (aus Angst vor durchbrechender Aggressivität bei Berührung) eher vermieden, das Geschlechtsleben dafür rationalisiert (»aus triebhygienischen Gründen ist Sexualität notwendig«) und systematisiert (jeweils am Sonnabend, nach regelhaftem Modus) und insgesamt eher zu einem langweiligen festliegenden

Ritus erstarrt. Der Ehe-Partner wird quasi einer vertraglichen Treue-Garantie unterworfen und damit mehr als (anales) Objekt besessen, denn als Partner geliebt. Eigenes und fremdes Leben wird auf diese Weise vergewaltigt und (sadistisch) »in spanische Stiefel eingeschnürt«, wie das ja auch manches wissenschaftliche System zu tun pflegt. Bei stark ausgeprägter Symptomatik, besonders bei den schweren psychiatrischen Formen der Zwangsneurose, wird durch diese Grundstörung der Aktivität jede menschliche Freiheit zerstört, weil das Ich niemals direkt mit den Es-Impulsen konform gehen darf. Im Unterschied zur Paranoia (»die Gedanken werden mir von außen eingeflößt«) kommen sie erlebnismäßig trotz ihrer »Ich-Fremdheit« aus dem eigenen Innern; man kann ihnen nicht entgehen. Da die Gründe für die Abspaltung der Impulse jedoch unbewußt sind, kann eine stärker ausgeprägte Zwangsneurose zur ausgesprochenen Qual, zu einer ausweglosen Hölle auf Erden werden, worin sich Sadismus und Masochismus begegnen, deren unbewußter Lustanteil (des Es und des Über-Ich) aber auch bewirkt, daß sie nicht aufgegeben werden kann. In seinem Bestreben, das Leben sichernd festzuhalten, verfällt der Zwanghafte dem immanenten Tod der Erstarrung.

8. Die hysterische Neurosenstruktur

Phänomenologisch ist diese Struktur in manchen Bezügen das Gegenstück der zwanghaften Struktur:

zwanghafte Struktur	*hysterische Struktur*
»Ich* ohne Fülle« (Mangel an Spontaneität)	»Fülle ohne Ich*« (Mangel an Zentriertheit)
überwertige »Objektivität«	überwertige »Subjektivität«
überwertige Zentripetalität	überwertige Zentrifugalität
starre Fixierung auf »Realität« (Zeit, Ordnung, Logik, Kausalität)	Nichtannehmen der »Realität« (Überspielen von Ordnung, eulenspiegelhafte Unlogik, willkürliche Akausalität)

* Ich des Sprachgebrauchs, nicht als Instanz.

starre Fassade	wechselndes Rollenspiel
Totstellreflex	Fluchtreflex (auch Flucht nach vorn)

Typisch sind weiterhin das egozentrische Geltungsbedürfnis, die Neigung zu demonstrativ-theatralischem Verhalten (mehr scheinen als sein), die mangelnde Echtheit sowie die besondere Tendenz zur »Ein-bildung«, nämlich zur autoplastischen Produktion von Konversionssymptomen, wobei der Körper zum unbewußten Symboldarsteller der Eigenkonflikte wird. Insgesamt wirkt daher der Träger dieser Struktur oft schillernd, planlos-aktiv, unstet, überraschend, spontan, aber auch desorientiert, unreif-infantil oder ewig-pubertierend, verspielt, stimmungsausgeliefert und untergründig angstgetrieben in Flucht nach vorn. Es gibt aber auch Träger dieser Struktur, die diese expansiven Züge mit allgemeiner Gehemmtheit abwehren, dann schüchtern, still und verlegen wirken, wobei aber unter dieser Hemmungsfassade die hysterischen Züge latent bereitliegen.

Symptomatik: »frei flottierende« Angst, Angstneurosen, Phobien aller Art (mit Anteilen zwanghafter Struktur), Amnesien, hysterische Dämmerzustände, hysterische Anfälle. Sexualneurosen aller Art, wobei bei den Perversionen fast stets noch Störungen der prägenitalen Stufen vorliegen. Im somatischen Bereich funktionelle Störungen und Konversionssymptome aller Art, wobei es sich oft um Somatisierung der Ängste (Angstäquivalente) handelt (Schwitzen, Erröten, sog. Herzanfälle usw.). Charakteristisch ist dabei oft das lärmende bunte Bild, die Redseligkeit, aber auch die Suggestibilität und Ablenkbarkeit der Patienten. Insgesamt kann die Hysterie alle Symptome nachahmen; sie ist der »Clown unter den Neurosen«.

Angstinhalte: Gemeinsam ist die Angst vor dem Endgültigen, Unausweichlichen, Festlegenden (Riemann), also vor dem, was der Zwanghafte gerade überwertig sucht. Gegen diese Angst wird die Tendenz nach einer (illusionären) »Freiheit *von* allem, nicht zu etwas« gesetzt. So besteht eine Angst vor jeder konkret-verbindlichen Realität, die einen »einschränken« könnte – die »mühseligen« Lern-, Erfahrungs- und Reifungsschritte werden daher lieber großzügig übersprungen – auch Angst vor allen zu Dauer verpflichtenden Bindungen (Beruf, Freundschaft, Lebenspartner); man will sich alles offenhalten (punktuelles Leben in Fragmenten). Wir finden schließlich vor allem auch Angst vor der festlegenden biologischen Geschlechtsrolle und letztlich vor Alter und Tod als den unwiderruflichen Repräsentanten des begrenzenden biologischen Schicksals (Sucht nach ewiger Jugend und Schönheit). Der Kern dieser Angstinhalte liegt genetisch in den primären Ängsten, die vorwiegend aus der Problematik der phallischen Phase herrühren, in der wir (oft zusätzlich aufruhend auf früheren Phasenstörungen) den spezifischen Ansatzpunkt dieser Struktur sehen müssen (Kap. D, 9–12). Ein hysterisches Erscheinungsbild kann jedoch oft sehr tiefe Störungen schizoider und präpsychotischer Art überdecken.

Der *psychodynamische Ablauf* weist u. a. folgende Charakteristika auf:

a) Durch die Abwehrmechanismen der Verleugnung und der Verdrängung ist das Ich in der Wahrnehmung und im Erinnern (Gedächtnis und Lernen) gestört, so daß *unscharfes Hinsehen* und *naives Wunschdenken* resultieren; die Realitäten des Lebens werden nicht »wahrgenommen« (im Doppelsinn des Wortes): *Mißlingen der Realitätsprüfung*.

b) Die *Aktivität* ist *ungeplant-willkürlich,* oft bemächtigend und ähnelt einem Zick-Zack-Kurs im Ausprobieren, wie weit man gehen kann. Aus der Faszination des Augenblicks werden Käufe getätigt, Verabredungen getroffen, kurzschlüssig Aufgaben übernommen und Zusagen gemacht ohne realistische Überlegung, ob man ernstlich dafür bereit und ihnen gewachsen ist. Konkreten Bewährungsproben, die sich und anderen die tatsächlichen Fähigkeiten und Grenzen aufzeigen, wird ausgewichen oder sie sollen in einem einmaligen Imponierauftritt überrannt werden. Wenn die Realität anpocht, werden die Ängste erneut überspielend verleugnet, was zu vertieften Verstrickungen führt; als unzuverlässiger »Lügner« und »Hochstapler« kommt man erst mit den gesellschaftlichen Spielregeln und letztlich mit den Gesetzen in Konflikt. Die Kausalität dieses Ablaufs und dessen eigener Verursachung wird nicht gesehen (nicht ein-gesehen) oder bagatellisiert (»einmal ist keinmal«).

c) Die egozentrische Relativierung von Ethik und Moral führt dazu, daß Gesetze zwar für andere gelten, während man selbst »im Extrazug durchs Leben reist« (Riemann) und sich im eitlen Gefühl der narzißtischen Sonderbedeutung von oben herab über die »bürgerlichen« Menschen hinwegsetzt, die es da genauer nehmen *(Ideologisierung)*. Mangels Realitätsprüfung lebt man in einer Pseudowelt voll Luftschlössern und Traumfabriken – sei es mehr in einem unschuldigen Märchenidyll, sei es die voyeuristisch-exhibitionistische Klatsch- und Sensationswelt der Illustrierten oder das snobistisch-überhebliche Gefühl der Jet-Set-Generation.

d) Auch die eigene tiefere Gefühlswelt darf – auch aus ödipalen Gründen – nur unscharf wahrgenommen werden. So kommt es mehr zu oberflächlichen Gefühlchen, die der Umwelt gegenüber geschickt eingesetzt und ausgespielt werden, aber schnell wechseln und verfliegen. Man kann aber auch die eigenen Stimmungen schwärmerisch-genüßlich-sentimental auf der Zunge zergehen lassen. So lebt man zwar höchst emotional bestimmt, aber chamäleonhaft und fragmentarisch; und morgen kann alles wieder ganz anders sein. Auf diese Weise kommt der Hysteriker nie zu sich, zum eigenen Wesenskern, und mancher nimmt sich letztlich in seinem Masken- und Rollenspiel selbst nicht mehr ernst, nicht ohne auch daraus noch eine »tragische Rolle« zu machen. Trotz betont-zerknirschter Selbstabwertung kommt dann im oft rührseligen Selbstmitleid doch wieder der Narzißmus zum Tragen.

e) Die großen *Zusammenbrüche* ergeben sich oft erst, wenn diese Lebensmethodik an den zunehmenden Grenzen unumgänglicher Wirklichkeit scheitert. Projektiv wird dann die eigene Verantwortung auf Sündenböcke (die Eltern, die Gesellschaft, die »Umstände«, es war einfach »Pech« usw.) gewälzt. Typisch ist, daß der Hysteriker stets das so empörende Verhalten der anderen erinnert – und intrigierend und aufbauschend weitererzählt –, jedoch unter skotomisierender Unterschlagung der auslösenden Veranlassung durch ihn selbst. Durch diese Neigung zur unhistorischen Akausalität und die innere Unfähigkeit zur Aufrichtigkeit kann es zu immer umfassenderen Lebenslügen kommen. Als letzter Ausweg bleibt dann oft nur die *Flucht in die Krankheit*, die große »Krise«, der »Nervenzusammenbruch«, in der man – offensichtlich so hilflos – mit gutem Recht wie ein Kind nachsichtige Hilfe zu erzwingen versucht. Bei begabten Persönlichkeiten kann es durch die große Elastizität, durch das intuitive Erspüren und Ausnützen der Schwächen der anderen und die Fähigkeit zum Blenden zu mancher steilen »Karriere« kommen. Die Krisen setzen ein, wenn Dauer, Verpflichtung und mancher Verzicht gefordert wird, zeitlich oft um die Lebensmitte, wo äußere Mittel wie attraktiver Charme und schicke Sportlichkeit allein nicht mehr tragen und die charakterlichen Werte mehr Gewicht bekommen.

f) Im zwischenmenschlichen Kontakt stören die *mangelnde Liebesfähigkeit* und der *überwertige Narzißmus* zentral. Die unbewältigte ödipale Problematik (mit latenter Aggressivität und Neigung zu Zank, Eifersucht und Szenen) und das unbewußte Suchen nach idealisierten Eltern machen den Partner mehr zum Lieferanten von Triebbefriedigung und Bestätigung. Irreale Wunschwelten werden unkritisch an den Partner geknüpft, jede Verliebtheit ist unbesehen das »wahnsinnig große Glück« – die Enttäuschungen an dem, dem solche Wunschbilder übergestülpt werden, werden diesem zur Last gelegt, wo man selbst doch »soo geliebt hat«.

Die Problematik der phallischen Frau kann sich im »Rachetyp« (Abraham) dokumentieren, dessen unbewußtes Leitmotiv die kastrierende Rache am Mann ist: Er wird verführt, um dann fallengelassen zu werden bzw. sich ihm genau dann zu verweigern, wenn sein Begehren – und damit die narzißtische Befriedigung des Begehrtseins – erreicht ist. Die sexuelle Befriedigung selbst ist ödipal tabuiert (Frigidität). Die unbewußte oral-aggressive Phantasie, dem Mann seine Potenz zu rauben, führt zu der ausbeuterischen Tendenz des »Vamp-Typs« (Vampir). Eine masochistisch gefärbte Abart dieses Frauentyps kann die Haltung der »Dirne« sein, die männliche Potenz auf analer Stufe (Geld) fordert, die aber zugleich dadurch, daß sie sich als Frau »wegwirft«, einen unbewußten masochistischen Triumph am Vater vollzieht, von dem sie sich verraten und verschmäht fühlte. In kaschierter Form ist auf außersexueller Ebene eine Kastrationstendenz am Werk in der allzu liebevollen Fürsorge einer Frau, wobei der Mann wie von einer dominierenden Mutter unter der Bedingung verwöhnt wird, daß er nichts zu sagen hat, was passiv-feminine Männer nicht ungern haben. Die dadurch abgewehrte Herrschsucht wird erst dann deutlicher, wenn der Mann versucht, sich aus dem goldenen Käfig zu befreien. Die phallische Ehrgeizthematik kann auch auf den Mann verschoben werden, der als »Ersatz-Phallus« zu immer steilerer Erfolgskarriere angestachelt wird und unbewußt oft zur ausspielbaren Trumpfkarte in der Rivalität zu anderen Frauen degradiert wird (evtl. Neuauflage alter Geschwisterrivalität). Nicht verwechselt werden darf der Typ der phallischen Frau mit dem modernen emanzipatorischen Typ einer Frau, die rein gesellschaftlich bedingte Fesseln ihrer Eigenentfaltung abgeworfen hat und z. B. auf früher sozio-kulturell den Männern vorbehaltenen beruflichen Gebieten »ihren Mann steht«, ohne dabei ständig phallisch imponieren und triumphieren zu müssen und in der Sexualbeziehung frigide zu sein.

Der phallisch-narzißtische Typ des Mannes muß – meist als Abwehr unbewußt persistierender Kastrationsangst – ständig sich und anderen beweisen, daß er ein ganz toller Kerl ist. Auch solchen Männern sind die Siege über die Rivalen wichtiger als Liebe und echte Partnerschaft, oft sind sie liebesunfähig. Solche Don-Juan-Typen gibt es auch auf außererotischem Gebiet, etwa dem des beruflichen Erfolgs. Während diese Männer ihre Kastrationsangst oder ihre latente Homosexualität ständig durch Super-Erfolge überkompensieren, ist der Typ des passiv-femininen Mannes von der sexuellen und aggressiven Hemmung offen sichtbarer geprägt. Es sind die weichen, muttergebundenen Männer, die oft wegen ihres zart einfühlenden Wesens gerade von phallischen Frauen bevorzugt werden, so wie sie selbst umgekehrt einer Partnerin bedürfen, die ihnen die aggressive Seite des Lebenskampfes abnimmt. Oft passiv-verwöhnt, sprechen sie die Überlegenheitstendenz der phallischen Frau an, die zugleich bei ihm sicher sein kann, daß er ihr mit aggressiv drängender Sexualität (von ihr als »Unterwerfung« erlebt) »vom Leibe« bleibt. Phallisch-narzißtische Tendenzen dagegen sind am Werk, wenn der Frau im wesentlichen die Funktion zuerteilt wird, die männliche Eitelkeit zu befriedigen: Die elegant-attraktive Frau zum Herzeigen und Ausstechen der männlichen Rivalen ist das Motiv, das die personale Beziehung zu ihr selbst überschattet.

Ehen zwischen zwei neurotischen Partnern passen oft wie Schlüssel zum Schloß zusammen, wobei die Geschlechtsrollen nahezu verkehrt erscheinen können, ohne daß dies mit Leiden einhergehen müßte (das dann eher bei Kindern aus solchen Ehen in Form neurotischer Symptomatik auftaucht). Andere Ehen stellen einen sado-masochistischen Clinch dar, indem sich beide Partner durch massive Schuldgefühlserzeugung gegenseitig bis aufs Blut peinigen, aber aus der gemeinsamen unbewußten Verstrickung heraus zu keiner Trennung finden, da sie sich gegenseitig als Objekt und Projektionsträger brauchen.

9. Die Phobien

Eine Zwischenstufe zwischen der zwanghaften und hysterischen Struktur nimmt die Phobie ein. Sie kann sich in Straßen- und Platzangst *(Agoraphobie)*, Angst vor engen Räumen und Menschenansammlungen *(Klaustrophobie)*, als Höhenangst und in vielen weiteren Formen äußern. Ein klassisches Beispiel ist die *Tierphobie* des von Freud beobachteten »kleinen Hans«. Der psychodynamische Abwehrmechanismus einer solchen Phobie setzt sich im wesentlichen aus Verschiebung und Projektion zusammen. So verschob der fünfjährige Hans seine Kastrationsangst vom Vater auf das Pferd, das sich sowohl in seiner Mächtigkeit wie auch als unbewußtes Triebsymbol seiner täglichen Beobachtung anbot. Zugleich projizierte er seine eigenen ödipalen Aggressionen auf dieses Tier und ängstigte sich in der Erwartung, von diesem gebissen zu werden. Der Vorteil der Verschiebung war, daß er dem Pferd leichter aus dem Wege gehen konnte als dem Vater; zugleich brauchte er auf diese Weise die gleichzeitig vorhandene positive Beziehung zum Vater nicht zu missen. Der Nachteil war die Einschränkung seines Ich, aber auch seines motorischen Aktionsradius. Bei Tierphobien wird auch die spezifische unbewußte Symbolbedeutung des Tieres (Spinne, Maus, Schlange usw.) wirksam. *Agoraphobien* dienen meist der Abwehr latenter sexueller Wünsche und Ängste (Dirnenphantasien bei Frauen, assoziativ an »Straße« geknüpft), aber auch der Abwehr aggressiver Weglauftendenzen. Schwerere Formen fesseln einen Patienten völlig ans Haus oder an eine Begleitperson (meist die verdrängt gehaßte Elternfigur bzw. deren Ersatz), was der Absicherung gegen Triebdurchbrüche dienen soll. Die *Klaustrophobie* schützt durch Angstentwicklung in analoger Art gegen die für Triebdurchbrüche gefährliche Versuchungssituation großer Kontaktnähe. Die Phobien zeigen einerseits hysterostrukturelle Züge (große Angstbereitschaft, infantile, meist ödipale Triebthematik, »Schrei nach den schützenden Eltern«), andererseits zwangsstrukturelle Züge (Kontaktangst, Vermeidungsprinzip). Die Angst (Kastrationsangst, als Todesangst erlebt) ist jedoch weder durch Konversionssymptomatik gebunden noch wie beim Zwang gründlich aus dem Erleben eliminiert.

10. Perversionen

Wir verstehen darunter Dauerstörungen des Sexuallebens, bei denen entweder das Triebziel (Vereinigung der Genitalien) oder das Triebobjekt vom Normalen abweicht, wobei die Orgasmusfähigkeit mehr oder weniger an diese Abweichung gebunden ist. Latente »perverse« Strebungen sind bei jedem Neurotiker vorhanden, jedoch meist abgewehrt und nicht offen realisiert (Neurose als »Negativ der Perversion«, Freud). Heute wissen wir jedoch, daß Perversionen a) nicht einfach ausgelebte lustvolle Triebabkömmlinge sind, sondern daneben auch Abwehrcharakter für Inhalte, Ängste und Triebwünsche haben, die dem Ich bedrohlicher erscheinen (z. B. Homosexualität als Abwehr oraler Bedürfnisse, die an die Mutter gebunden sind), b) daß die Perversion über ihren Symptomcharakter hinausgehend in eine ganzheitliche Charakterstruktur eingebettet ist, die auch außerhalb des sexuellen Bereichs Störungen aufweist, die durchaus nicht nur im Rahmen der hysterischen Struktur liegen. Finden wir z. B. bei der Homosexualität oft noch intakte Bindungs- und Liebesfähigkeit an einen Menschen, so sind die extremsten Formen meist durch viel frühere strukturelle Störungen bzw. Regressionen gekennzeichnet, schematisiert darstellbar nach folgender strukturspezifischen Skala:

intentionale Phase:	mechanische exzessive Onanie ohne Gefühls- und Phantasiebeteiligung, Transvestitismus, Fetischismus, Sodomie, Nekrophilie	Autoerotik bzw. Fehlen eines menschlichen Objekts

orale Phase:	Cunnilingus, Fellatio, sexuelle Hörigkeit
anale Phase:	Sado-Masochismus, Koprophilie
motorisch-aggressive Phase:	Sado-Masochismus, Flagellantentum
phallische Phase:	Voyeurismus, Exhibitionismus (Kontaktstörung) Pädophilie (Kontaktstörung z. Erwachsenen) Homosexualität (Abwehr der Angst vor dem fremden Geschlecht)

Meist finden wir bei den Perversionen betont narzißtische Züge, Abwehr der Kastrationsangst und der Phantasie vom bedrohlichen weiblichen Genitale. Auf die komplexe Struktur und Genese der einzelnen Perversionen kann hier ebensowenig wie auf die über die Hauptneurosenstrukturen hinausgehende spezielle Neurosenlehre eingegangen werden; es sei lediglich darauf hingewiesen, daß beim Zustandekommen einer Perversion im allgemeinen folgende Bedingungen mitwirken können: anlagemäßige Bisexualität und andere mögliche konstitutionelle Dispositionen; phasenspezifische Störungen, die zum Mißglücken normaler Gefühls- und Liebesbindungen führen; Fixierung an speziellen sexuellen Lustgewinn, der im Wiederholungszwang immer wieder dort gesucht wird; sexuelle Akzeleration bei retardierter seelischer Reifung; exogene Verführung, oft in Zusammenhang mit einer erstmals gewagten Gefühlsbindung; Reiz des Verbotenen, Besonderen; Ideologisierung der Perversion.

Je mehr sich durch Wandel der gesellschaftlichen Bedingungen und der kollektiven Normvorstellungen bezüglich des Sexuallebens die immanenten Bewertungsmaßstäbe und damit der Sittenkodex ändern (in der Beurteilung der Institution der Ehe, des vorehelichen Verkehrs, der Familienplanung, aber auch der prägenitalen und narzißtischen Fixierungen), wird sich, je nach Richtung dieses sozio-kulturellen Prozesses, auch die pathopsychologische Beurteilung der Perversionen auflockern oder verschärfen, damit aber von dem zusätzlich neurotisierenden

Druck des Außenseiterschicksals entlasten oder ihn verstärken können.

Abschließend sei nochmals daran erinnert, daß die Neurosenstrukturen selten in der geschilderten reinen Form auftreten; meist handelt es sich um Mischstrukturen, wobei Anteile der einen die Ängste aus anderen Phasen verstärken, aber auch abwehren und verdecken können. Strukturdiagnosen sind daher meist nur dem praktisch Erfahrenen verläßlich möglich und nie aus einigen oberflächlich sichtbaren Charakterzügen ableitbar. Neurosenstrukturen sollten nie als statisch aufgefaßt werden; die Starre, die sie scheinbar aufweisen, hält dynamisch-energetische Kräfte in Schach, auf denen ja gerade die therapeutischen Ansatzmöglichkeiten zur Strukturauflockerung beruhen. Man sollte auch Strukturdiagnosen nie zu moralischen Werturteilen mißbrauchen (wie das oft heute noch mit der »Hysterie« geschieht, während der Depressive meist vorteilhafter abschneidet). *Jede* Struktur hat ihr eigenes Leid und ihren eigenen Lustgewinn; jede hat aber auch – falls die neurotische Verzerrung nicht zu sehr ausgeprägt ist –, ihre positiven-kreativen Möglichkeiten (Riemann), die Trägern der anderen Strukturen nicht so zur Verfügung stehen. Für manche Berufe erscheint z. B. diese oder jene mild ausgeprägte Struktur fast als notwendig. Therapeutisch kommt es daher in den meisten Fällen vorwiegend darauf an, das allzu Einseitige, Überwertige und torsohaft Unproduktive der strukturellen Ausprägung anzugehen eingedenk dessen, daß auch jeder »Gesunde« seinen deutlichen Schwerpunkt in einer dieser vier Grundmöglichkeiten menschlicher Wesensausprägung innerhalb unserer Kultur und Gesellschaft hat, ohne deswegen krank sein zu müssen. Aus ihrer beiderseitigen »Einseitigkeit« heraus pflegen ja auch Träger gegensätzlicher Strukturen einander anzuziehen und sich zu ergänzen, z. B. Depressive und Schizoide oder Zwanghafte und Hysterische. Was die Prognose angeht, so ist es übrigens ein häufiger Anfängerfehler zu glauben, eine Hysterie müsse therapeutisch leichter anzugehen sein als eine Schizoidie, weil sie genetisch später entstanden ist, ein Gedanke, der andere, wichtigere Prognosenkriterien außer acht läßt (s. Kap. G).

F. Der psychosoziale Aspekt

Freud hat in Theorie und Praxis überwiegend die individualgenetischen bzw. -pathologischen Faktoren betont, ist aber keineswegs blind für soziologische Aspekte gewesen. Ausgehend von Le Bons Massenpsychologie befaßte er sich auch mit sozialpsychopathologischen Problemen (1921), ohne freilich zu dem vorzustoßen, was wir heute – auf der Grundlage der von ihm erarbeiteten Einsicht in *intra*psychische Vorgänge – an Gruppenprozessen studieren. Soziologie, Sozialpsychologie und Psychoanalyse treten heute zunehmend in wechselseitigen Kontakt, entsprechend der therapeutischen Erfahrung, daß die Individualneurosen oft durch Sozialneurosen (Gruppenphänomene in Familie, Ehe, Beruf und den Institutionen der Sozietät) eigenstrukturell überformt sind, die der individuellen Heilung im Wege stehen. Während Freud (z. B. beim »kleinen Hans«) noch vorwiegend schilderte, wie das Kind seine Triebkräfte an relativ abstrakten Elternfiguren reguliert, die in der Darstellung psychologisch farblos bleiben, wissen wir heute, daß nicht nur die Haltungen und Meinungen, sondern vor allem auch die *unbewußten* Probleme und Phantasien der Eltern ihrerseits ebenfalls prägend auf das Kind einwirken. Der Symptomträger Kind, der äußerlich (und nach dem System der Krankenversicherung, das nur Einzelpatienten kennt) als der »Patient« imponiert, ist oft der allein sichtbare Exponent einer *Familienneurose*, die unter individualgenetischem Aspekt allein nur ungenügend verstanden werden kann und die bei der Heilung des Kindes dann z. B. durch neurotische Dekompensation bei den Eltern sichtbar wird. Unbewußte Gruppenspannungen suchen sich ein Ventil, indem einem Gruppenmitglied die Rolle des Sündenbocks bzw. des Kranken aufgedrängt wird, was die Gruppenproblematik entlastet. Dementsprechend setzt die Gruppe unbewußt – bei bewußter Kooperation – der individuellen Heilung des Kranken starke Widerstände entgegen, wie dies am deutlichsten der Kindertherapeut erfährt. Richter hat mehrere spezifische »Rollen« aufgezeigt, die dem Kind von früh an, zur Entlastung elterlicher Problematik, durch unbewußte Übertragungs- und Projektionsvorgänge aufgedrängt werden, Rollen, die dann wiederum vom Kind gegen die Eltern ausgespielt werden können. Weiter hat er typische »Symptomfamilien« (angstneurotische, hysterische, paranoide Familien) geschildert, zu deren Behandlung moderne Verfahren analytischer Familientherapie entwickelt wurden. Besonders in der modernen psychoanalytischen *Psychoseforschung*, aber auch in der *analytischen Gruppentherapie* liegen Versuche vor, die verborgenen Gesetze der *inter*individuellen Austauschprozesse und ihre Störungen zu erfassen und dies therapeutisch nutzbar zu machen. Soll dies im Ergebnis nicht allzu oberflächlich bleiben (z. B. durch globale, allzu vage bleibende genetische Beschreibungen wie »verwöhnende Mutter«, »harter Vater« usw.), können wir dabei nicht auf die differenzierten psychoanalytischen Ergebnisse der Erforschung unbewußter *intra*individueller Prozesse verzichten.

Über die Primär- und Sekundärgruppen hinaus führen diese Überlegungen naturgemäß zu der Frage, inwieweit die gesamte, sozio-kulturell spezifisch geprägte Gesellschaft, in der wir leben, die in ihr herrschenden kollektiven Normen, Institutionen und ihr ökonomisch-wirtschaftliches System »kranke Strukturen« darstellen, die – zusätzlich oder ausschließlich – das Einzelindividuum patho*genetisch* derartigen Verformungen unterwerfen, daß die Individualneurose (auch oder ausschließlich) Symptom der latenten Gesellschaftsneurose ist und diese zugleich verschleiert. Freud hat in seinen kulturphilosophischen Schriften (1927, 1930) und besonders in seinem Angriff auf die Sexualmoral seiner Zeit (1908) bereits gesellschaftskritische Gedanken vorgebracht, wenn er auch in Theorie und Therapie letztlich dem bürgerlichen Zeitalter verhaftet blieb. In den zwanziger Jahren kam es zu weiteren Ansätzen einer meist kontroversen Begegnung zwischen Psychoanalyse und Marxismus, in deren gemeinsamem Bemühen, wenn auch von ganz verschiedenen Prämissen aus, das Individuum (Psychoanalyse) bzw. die Gesellschaft (Marxismus) zu verändern (s. *Psychoanalyse und Marxismus, Dokumentation einer Kontroverse*, 1970). Teils aufbauend auf E. Fromms Arbeiten (und denen anderer »Neopsychoanalytiker«, z. B. der Kulturschule), teils gestützt auf A. Mitscherlichs Untersuchungen und stimuliert von modernen Philosophen und

Soziologen wie Adorno, Horkheimer, H. Marcuse, Habermas u. a. haben besonders die Vertreter der Neuen Linken diesen Versuch eines Brückenschlags zwischen Psychoanalyse und Marxismus wieder aufgegriffen, der sich historisch vor allem an die Ideen W. Reichs und seines Widersachers S. Bernfeld knüpfen. So gewiß in der Tiefenpsychologie solche Überlegungen bisher zu kurz kamen, so bedenklich erscheint freilich ihre radikale Überspitzung, in der der Stellenwert der Individualneurose als selbst mit-zuverantwortender Krankheit entfallen würde. Einerseits werden dabei fundamentale biologische und erbgenetische Faktoren geleugnet (und deren Auswirkungen ausschließlich gesellschaftlichen Faktoren zugeschoben), andererseits ist dabei ein irrational-omnipotenter Glaube an die Utopie einer »idealen« Gesellschaft am Werk, in der es keine Neurosen mehr zu geben braucht. Wichtiger und sachlicher erscheinen empirische Untersuchungen unter Einbeziehung der Soziologie und Kulturanthropologie mit dem Forschungsziel aufzuzeigen, welche spezifische Neurosenformen die jeweilige spezifische Gesellschaftsstruktur erzeugt und wieweit es sich dabei um pathogenetische oder um pathoplastische Vorgänge handelt. Aufgabe einer sich entwickelnden psychoanalytischen Soziologie ist es, die Gesellschaft und ihre Institutionen (als Teil der »Realität») daraufhin mit geschärfter Sensibilität kritisch zu untersuchen, inwieweit sie unnötigerweise (aus immanenter Eigengesetzlichkeit und verkappten Herrschaftsinteressen) primäre Angstbedingungen der Kindheit zementieren, erneut schaffen und damit emanzipatorische Bedürfnisse des Menschen unterdrücken und lähmen. Bei aller dringenden Notwendigkeit ständiger Bemühung um humanere, menschengemäßere Sozialstrukturen dürfte doch die Skepsis Freuds die realistischere Einstellung bleiben, daß Kultur und Sozietät an sich immer »repressive« Faktoren in der Individualgenese darstellen werden: Die Möglichkeit zur Neurose ist der immanente Preis für das kulturelle und soziale Anliegen der Menschen. Immerhin war es gerade die Psychoanalyse, die z. B. bezüglich der kollektiven Sexualnormen das Tor zu einer unbefangeneren Beurteilung und sachlichen Reflexion aufgestoßen hat.

G. Der therapeutische Aspekt

Psychoanalyse ist nicht nur eine wissenschaftliche *Lehre* vom Seelenleben des Menschen unter Einbeziehung unbewußter Prozesse (Tiefenpsychologie), sondern war von Anfang an eine *Forschungs-* und zugleich *Behandlungs*methode. Der Psychoanalytiker wird – neben seiner Funktion als Wissenschaftler – überwiegend von Patienten aufgesucht und als *Therapeut* gefordert. Wir können hier nur einige Grundzüge des therapeutischen Aspekts skizzieren – eine detaillierte Schilderung der Theorie und Technik der Behandlung, die über das Studium der Medizin oder Psychologie hinaus einer zusätzlichen mehrjährigen Spezialausbildung bedarf, würde über den Rahmen einer Einführung hinausgehen.

Als Leitziel der Therapie gilt, das Ich des Patienten zu befähigen, die unbewußten Determinanten der aktuellen Konflikte und Symptome, deren genetische Herkunft und strukturellen Hintergrund zunehmend zu erkennen, die blockierte Selbstentfaltung nachzuholen und damit zu reiferen Verarbeitungen zu finden. Symptombeseitigung ist nicht das pragmatisch angegangene direkte Ziel – ohne Bearbeitung der symptomerzeugenden Struktur würde dies meist nur zur Symptomverschiebung, intrapsychischer Konfliktverlagerung oder zwischenmenschlicher Konfliktabwälzung führen – sie wird dagegen idealiter als Frucht einer geglückten strukturellen Wandlung zu einer reiferen Persönlichkeit erwartet. Der Patient muß hierzu in der analytischen Situation ein *zwischenmenschliches Feld* angeboten bekommen, in dem das Bewußtwerden und Verstehen seiner selbst abwehrfreier und angsttoleranter möglich wird, wobei es sich um einen emotional-affektiv durchlebten Prozeß und nie um einen lediglich intellektuellen Vorgang im Sinne rationaler »Aufklärung« handelt. Als Nachreifungsvorgang ist er ein relativ langdauernder Weg organischer kleiner Schritte; die Erwartung sensationeller Geschehnisse oder wunderbarer Blitzheilungen ist illusionär. Da das Ziel die Entfaltung der eigenen Kräfte, also ein emanzipatorisches ist, das letztlich den

Analytiker überflüssig machen soll, besteht der Weg weder in einer Indoktrination des Patienten (Verhaltensvorschriften, weltanschauliche Positionen usw.) noch in einer stellvertretenden direkten Fürsorge (konkrete Ratschläge, Abnahme von Entscheidungen, karitative Maßnahmen usw.); sie ist weder eine Anpassungs- noch eine Aufhetzungstherapie an oder gegen die Eltern und die herrschenden gesellschaftlichen Strukturen, sondern soll den Patienten befähigen, die Ziele und Freiheiten wirksam zu gestalten, die nach gewonnener größerer Klarheit über sich selbst und seine Motive ihm persönlich gültig erscheinen. Zu dieser Klärung ist vorübergehend zwar eine gewisse Distanz zur äußeren Realität notwendig, die Therapie darf jedoch weder zu einer esoterischen Innenschau um ihrer selbst willen noch zum chronischen Lebensersatz als Flucht vor dem Alltag werden. Sie ist weder eine zersetzende Gehirnwäsche noch ein garantiertes Wundermittel zur Welt- und Menschenverbesserung oder zur Erzeugung konfliktfreier Erfolggenies. Sie kann aus dem Menschen nicht mehr herausholen, als – wenn auch verschüttet und unentfaltet – potentiell in ihm steckt. Sie ist wohl die brauchbarste Methode, den Patienten zu seinen begrenzten realen Möglichkeiten und ihrer Fruchtbarmachung zu verhelfen.

Ihr wichtigstes *aktives* Mittel ist die *Deutung* bzw. die Erarbeitung einer psychodynamisch wirksamen Deutungsmöglichkeit: Der Analytiker bemüht sich, in »freischwebender Aufmerksamkeit« durch sorgfältige Beobachtung des verbalen und averbalen, bewußten und unbewußten »Materials«, das der Patient beibringt, und durch identifizierende Einfühlung (Empathie) die unbewußte Problematik des Patienten in ihrem genetischen Zusammenhang mit der jetzigen Lebenssituation und der aktuellen zwischenmenschlichen Beziehung zum Analytiker (Übertragung) zu erkennen und dies dem Patienten mitzuteilen. Dabei ist auf die entsprechende Dosierung hinsichtlich des jeweiligen Grades der Bewußtseinsreichweite und der Angst- und Frustrationstoleranz des Patienten im analytischen Prozeß zu achten. Meist setzen die Deutungen bei der Abwehr an, wobei in der Regel erst das Vorliegen einer Abwehr, dann deren spezielle Art und letztlich der Inhalt des Abgewehrten gedeutet wird.

Die Deutungstechnik führt regelhaft und notwendig zum bewußten oder unbewußten *Widerstand* des Patienten. Der sog. *Ich-Widerstand* widersetzt sich a) der Aufhebung der *Verdrängung,* die Angst freilegt, b) der Gefährdung des *sekundären Krankheitsgewinns* und c) der Enttäuschung der infantilen Übertragungswünsche, die vom Analytiker analog den frühen Bezugsobjekten direkte Triebbefriedigung fordern. Aber auch der *Über-Ich-Widerstand* richtet sich gegen die Freisetzung der »verbotenen« Impulse und kann zur »negativen therapeutischen Reaktion« führen, d. h. die durch zutreffende Deutung erzielte befreiende Erkenntnis wird durch Strafimpulse des Über-Ich mit verstärktem Leiden beantwortet. Als *Es-Widerstand* wird der unbewußte Wiederholungszwang bezeichnet, der sich einer plastischen Wandlung in den Weg stellt. Widerstände sind sinnvolle Phänomene, signalisieren die Kernpunkte der Angst und dürfen daher nicht vom Therapeuten aktiv überrannt, sondern müssen zum tieferen Verständnis durch deutende Widerstandsanalyse allmählich aufgelöst werden.

Ein emotionales Zentralgeschehen ist die *Übertragung.* Der an sich ubiquitäre Vorgang, jetzige Situationen auf der Erfahrungsgrundlage ähnlicher früherer Erlebnisse zu erleben, damit aber auch jeweils durch die Brille der Vergangenheit zu verzerren, ist einmal beim Neurotiker besonders stark ausgeprägt, wird aber in der Therapie zusätzlich durch die analytische Grundregel (Kap. A, 2) und die eine Blickkorrektur ausschaltende Position des Patienten erlebnisfähig angereichert. Die im Hintergrund sitzende, »unsichtbare« Person des Analytikers wird damit zum zentralen Projektionsträger all der Wünsche, Erfahrungen und Ängste, die der Patient mit seinen früheren Bezugspersonen als Kind erlebt (und zum Teil längst »vergessen«) hat. Durch die Abwehrdeutungen aufgelockert, kann der Patient daher all dies bewußter und erinnernd wiedererleben (Übertragungsneurose) mit der Chance des Durcharbeitens unter besseren Bedingungen, da es der Patient ja jetzt objektiv nicht mit einem z. B. kritiklos Gehorsam fordernden autoritären Vater oder einer enttäuschten schuldgefühlerzeugenden Mutter zu tun hat. Der vom Therapeuten angebotene und zugesicherte Raum sachlich-objektiver Beständigkeit und – bei aller gebotenen Distanz – wohlwollender Zugewandtheit schafft dem Patienten die Möglichkeit der »korrigierenden emotionalen Erfahrung« (Alexander), die ihm hilft, neue progressive Antworten statt der bisherigen Abwehr zu entwickeln. Erst die therapeutische Regression ermöglicht die Progression, wobei der Analytiker das richtige Maß zwischen Gewährung und Versagung der kindlichen Direkt-Befriedigungs-Wünsche finden muß. Einerseits hat der Analytiker die Funktion eines neutralen »Spiegels«, so daß sich die Projektionen möglichst unverstellt auf ihn richten; deshalb das »Inkognito« und die weitgehende Zurückhaltung (»Abstinenz«) des Analytikers. Andererseits muß der Analytiker sich aber auch ständig kontrollieren, die persönlichen Wünsche und Ängste seiner eigenen *Gegenübertragung* dem Patienten gegenüber nicht bewußt oder unbewußt zu dessen Schaden ins Spiel kommen zu lassen. Eine absolute unpersönliche Spiegelhaltung freilich ist weder möglich noch wünschenswert, da erst die mitschwingende Empathie ein einfühlendes Verstehen des Patienten ermöglicht. Unterschieden wird die positive (überwiegend freundlich zugewandte) von der negativen Übertragung (feindselig-ablehnende Gefühle); die erstere kommt dem bewußten Heilungsbestreben der gesunden Ich-Anteile des Patienten im Arbeitsbündnis entgegen, die zweite ist therapeutisch ebenso wichtig z. B. zur Durcharbeitung aggressionsunterdrückender Kindheitserlebnisse. Beide Übertragungsarten werden jedoch in der Regel vom Patienten oft heftig abgewehrt, um der notwendigen therapeutischen Regression in kindliche Abhängigkeit zu entgehen. Das »Schlachtfeld der Übertragung« ist daher der analytische Ort, auf dem sich die entscheidenden emotionalen Einsichten und Wandlungen vollziehen; die richtige Handhabung der Übertragung und die kontrollierte Verarbeitung der Gegenübertragung (statt Verdrängung oder Ausleben) stellt an den Analytiker große persönliche Anforderungen, da er sich dieser emotional-affektiven Dichte weder entziehen noch ihrer »Verführung« unkontrolliert verfallen darf, worin die eigentliche Kunst neben der lehrbaren Technik der Analyse liegt (daher die unabdingbare sachliche Notwendigkeit der Selbsterfahrung in der »Lehranalyse«). Auch vom Patienten verlangt dieser Weg Verzicht auf direkte Befriedigung zugunsten emanzipatorischer Reifung. Manche sind dazu nicht willens, andere dazu einfach nicht in der Lage, wobei die Abgrenzung schwer zu ziehen ist. Das bedeutet, daß – so schön sich theoretisch die Stadien des analytischen Prozesses aufzeigen lassen – nicht jede Behandlung dieses optimale Ziel erreicht und erreichen kann, so daß man sich hier auch oft wie überall mit Teilerfolgen zufrieden geben muß, die man dennoch nicht verachten sollte.

Aus diesen Gründen muß der Therapeut sich *vor* Aufnahme einer Analyse mit den Fragen der *Prognose* und der *Indikation* auseinandersetzen. Es ist heute noch ein häufiger Kurzschluß des Laien, aber auch vieler Ärzte und Psychologen, beim deutlichen Vorliegen einer Neurose allein von da her eine Analyse bereits für indiziert zu halten, ohne zu klären, ob der Patient überhaupt daran leidet, ob er bereit und in der Lage ist, die Anforderungen einer Analyse auf sich zu nehmen oder andere psychotherapeutische Verfahren indiziert sind, ja ob nicht angesichts einer völlig verfahrenen äußeren und inneren Situation oder angesichts des Alters möglicherweise die Neurose und z. B. ihre medikamentöse Linderung noch die beste Lösung für diesen Patienten ist, weil eine aufdeckende Analyse sein Elend nur vergrößern würde. Diese Fragestellung gehört angesichts der langen Dauer und des erheblichen Aufwandes beider Partner in der Analyse zur fachmännischen Sorgfaltspflicht, auch wenn sie oft nicht vor dem Beginn mit absoluter Klarheit zu entscheiden ist. Ohne hier näher auf diese schwierigen Fragen, die auch viel Erfahrung voraussetzen, eingehen zu können, seien nur noch einige der wichtigsten Prognosekriterien genannt: Entscheidend ist die Stärke des (echten) *Leidensdrucks* (leidet der Patient an sich selbst und der vitalen Behinderung, oder kränkt das Symptom nur einen Idealaspekt von sich?), die *Art und Dauer der Symptomatik* (Chronifizierung? Persistenz des Primordialsymptoms über die Pubertät hinaus? Auslösende Situation: je schwerer um so günstiger die Prognose), *Einstellung zum und Umgang mit dem Symptom* (Fixierung an organogene Vorstellung, Größe des sekundären Krankheitsgewinns, soziale Reaktion auf das Symptom, Finalisierungstendenz? Starke Ideologisierung? Große Ersatzbefriedigung bei Sucht usw.), *soziale Situation des Patienten* (bisherige Bewältigung der Lebensaufgabe trotz Behinderung? Äußere Situation noch modifizierbar: Beruf, Partner? Einstellung der Bezugsperson zur Analyse? Finanzierungsmöglichkeit durch Eigenmittel, Kassenleistung, Beihilfe, große geographische Entfernung oder Analytiker am Ort?), *biologische*

Faktoren (Alter 20 bis 40 Jahre am günstigsten, Erbfaktoren, organische Defekte, Intelligenz), *persönliche Faktoren* (Introspektionsfähigkeit, Einsichtsbereitschaft, Minimum an Frustrationstoleranz usw.). Erst die Zusammenschau dieser und anderer Prognosekriterien erlaubt dem Erfahrenen eine relativ verläßliche Erfolgsvoraussage bzw. die Entscheidung, welche Modifikationen der klassischen Technik angewandt werden müssen.

Das Standardverfahren der tiefenpsychologischen Individualtherapie, die *klassische Psychoanalyse*, hat schon im Laufe des Lebens von Freud naturgemäß manche Wandlungen durchgemacht. So waren die ersten von Freud durchgeführten Analysen relativ kurz und beschränkten sich auf Deutung der Träume und Es-Inhalte. Mit der Entdeckung des Widerstand- und Übertragungsgeschehens und der Wirksamkeit der präödipalen Entwicklungsphasen verlängerte sich die Behandlungsdauer und verlagerte sich auf die Analyse des Ich und der Abwehrvorgänge. Besonders an die Lehranalysen der angehenden Analytiker wurden immer mehr, teils perfektionistische Ansprüche gestellt.

Schultz-Hencke versuchte die lange Zeitdauer (mehrere Jahre) und Stundendichte (5 bis 6 Wochenstunden) der orthodoxen Analyse zu vermindern, indem er den Hauptakzent auf die Durcharbeitung der sekundären und tertiären Folgen der Gehemmtheit legte, den präödipalen Antriebsbereichen und den Erlebnislücken von Anfang an besondere Beachtung widmete und das Übertragungsgeschehen vorwiegend an Schilderungen des realen Außengeschehens aufzuzeigen versuchte, um die Regelhaftigkeit der von Freud als unerläßlich geforderten Übertragungsneurose und deren langwierige Durcharbeitung zu vermeiden. Um so mehr drängte er aktiv den Patienten zur Umsetzung des Erkannten im täglichen Leben. Daß mit dieser Abkürzung auf durchschnittlich 100 bis 250 Stunden bei zwei bis drei Wochenstunden bei hierzu geeigneten, nach genauer Prognosenabwägung ausgewählten Patienten brauchbare und stabile Erfolge erzielbar sind, haben die Katamnesen des Berliner Zentralinstituts bewiesen, die entscheidenden Anteil an der in den letzten Jahren allmählich erfolgenden Einführung der analytischen Psychotherapie als Kassenleistung hatten und damit in breiterem Rahmen eine Analyse auch für Sozialversicherte ermöglichte.

Stekel, Alexander, Malan und andere haben, den Bedürfnissen des klinischen Alltags entsprechend, psychoanalytisch orientierte *Kurzbehandlungen* mit spezifischen Techniken zu entwickeln versucht. Die *analytische Fokaltherapie* bearbeitet bei hierzu geeigneten Patienten in einer Zeitdauer von 20 bis 30 Stunden unter Aussparung des anderen Materials lediglich den zentralen Herd der Problematik. Die Deutungen erfolgen zwar zum Teil in der Übertragung, jedoch wird die Entwicklung der Übertragungsneurose vermieden. Kurztherapien stellen an den Analytiker größte Anforderungen an Erfahrung und Können.

In den letzten Jahrzehnten ist die analytische Individualtherapie zur *analytischen Gruppentherapie* erweitert worden (in der Regel 6 bis 8 Personen bei einer Doppelstunde pro Woche). Ursprünglich aus ökonomisch-finanziellen Erwägungen oder aus der Not der zeitlichen Beschränkung in Kliniken bei stationärer Aufnahme entstanden, hat sie davon unabhängig eigene Indikationen aus therapieimmanenten Gründen bekommen. Sie konstelliert die sozial-psychologischen Probleme oft schneller, eignet sich für bestimmte Patientengruppen besonders und kann ausschließlich oder die Einzeltherapie ergänzend eingesetzt werden.

Erhebliche technische Variationen (»Parameter«) bei gleichbleibender zugrunde liegender Theorie waren nötig, um spezielle Verfahren der *analytischen Kindertherapie, der Psychosentherapie,* der Behandlung von *psychosomatisch* Erkrankten und bei *soziopathischen* Störungen (Kriminalität, Anti- und Asoziale) zu entwickeln, auf deren Methodik hier nicht näher eingegangen werden kann. Auch die in Entwicklung befindlichen Verfahren der *Familientherapie* müssen erwähnt werden.

Diese Abwandlung der klassischen Technik, an denen alle Schulrichtungen mitgewirkt haben, bewirkte, daß der von Freud ursprünglich eher eng gezogene Indikationskatalog sich entscheidend erweitert hat. Die alte Kluft zwischen dem »bürgerlichen Luxus« der klassischen Langanalyse, den sozialen Erfordernissen der Gesellschaft und den Realitäten der klinischen Medizin und Psychologie ist dadurch zunehmend im Schwinden begriffen, wenngleich diese Entwicklung im jetzigen Stadium noch lange nicht befriedigend ist. Ein weiterer Abbau interdisziplinärer Schranken und überholter Standes- und Rollenauffassungen, vor allem aber die weitere Öffnung institutionalisierter Regelungen (z. B. Krankenkassengesetzgebung) für die praktische Verwertung tiefenpsychologischer Erkenntnisse sowie die Beseitigung der Unterprivilegierung und materiellen Notlage hochqualifizierter analytischer Ausbildungsinstitute (Folge: katastrophaler Mangel an Fachpsychotherapeuten und jahrelange Wartezeiten für Patienten) sind dringende humanitäre Erfordernisse unserer Zeit.

H. Die Individualpsychologie – Alfred Adler

Adler warf Freud einseitige Überschätzung des Sexualtriebes vor und vermißte die Berücksichtigung des Machtstrebens, das für ihn das Zentralmotiv zum Verständnis der Neurose wurde. Das Machtstreben ist in Adlers Motivationslehre jedoch kein endogen vorzustellender Trieb wie die Libido bei Freud, sondern ein reaktives, kompensatorisches Phänomen. Adler geht aus von der sozialpsychologischen Situation des Kindes, das sich dem Erwachsenen gegenüber hilflos und unterlegen fühlt und von diesem *Minderwertigkeitsgefühl* tief geprägt wird. Dieses Erleben kann zusätzlich durch Organminderwertigkeit, aber auch durch Ablehnung und Bedrohung seitens der Eltern verstärkt werden. Als *Kompensation* entwickelt das Kind daher ein betontes Streben nach *Macht und Sicherheit.* Zur Erhöhung seines Geltungsstrebens erschafft es sich fiktive Ziele, die sich bis zu einer *Leitlinie im* Sinne eines Zentralmotivs ausgestalten können. Die Konmpensation kann direkt an einer geschädigten Funktion (Demosthenes wurde trotz Sprachfehler durch Übung der größte Redner) oder indirekt erfolgen (ein körperlich geschädigter Schüler verlegt alle Energie auf geistige Gebiete, in denen er dann dominiert).

Dabei können aber auch neurotische Leitlinien entstehen, z. B. die »Flucht in die Krankheit«. Die hilflose Unterlegenheit des Kranken kann zum Mittel des Machtstrebens umfunktioniert werden, indem man gerade mittels der Schwäche die Umgebung tyrannisiert und so doch »oben« ist. Eine andere neurotische Lebensleitlinie ist der »männliche Protest«: Das weibliche Minderwertigkeitsgefühl in einer patriarchalischen Kultur wird durch das Zentralmotiv ständigen Dominanzstrebens über den Mann überkompensiert. Adler versteht das Phänomen der »phallischen Frau« nicht primär biologisch-anatomisch bedingt wie Freud, sondern primär sozio-kulturell verursacht (was Karen Horney wieder aufgegriffen hat).

Aus der Position des Kindes in der *Geschwisterreihe* ergeben sich für Adler psychologisch prägende Rollen im Machtkampf innerhalb der Familie. Der Älteste entwickle als »Kronprinz« konservative Züge in der Sicherung gegen die Entmachtungsgefahr durch die Jüngeren, während der jeweils Jüngste dem Minderwertigkeitsgefühl besonders ausgesetzt sei und daher zu »hochstaplerischen« Phantasien und Verhaltensweisen neige.

Als Gegenpol und Kriterium eines gesunden Lebensstils stellt Adler das *Sozial- oder Gemeinschaftsgefühl* heraus. Die Sexualität spielt individualpsychologisch nur eine geringe Rolle, und ihre neurotischen Verzerrungen werden als sekundäre Folgen der Auseinandersetzung mit dem Minderwertigkeitsgefühl interpretiert (z. B. die Ödipussituation als kindlicher Versuch, sich verwöhnender Eltern zu bemächtigen).

Diese fast monomane Überforderung der Begriffe Überkompensation und Machtstreben ließ Adler zu keinem differenzierteren Modell kommen, das dem Freuds vergleichbar wäre. Die phasenspezifisch-genetische Betrachtungsweise mit der verschiedenartigen Thematik der einzelnen Entwicklungsstufen fällt weg; ebenso hat er keine Modelle einer durch Instanzen differenzierten Seelenstruktur entworfen. Auch die Unterscheidung der topischen Schichten wird bei ihm vernachlässigt. Vom psychoanalytischen Standpunkt aus gesehen untersucht er vorwiegend den sekundären Krankheitsgewinn bereits bestehender Symptomatik. Er ist freilich auch ein früher »Ich-Psychologe« gewesen zu einer Zeit, zu der sich Freud noch überwiegend mit der Erforschung des Es befaßte. Seine Therapie vereinfachte sich durch die Tendenz, das Minderwertigkeitsgefühl, das kompensatorische Machtstreben und die dabei individuell entwickelten »Arrangements« mit ihren finalen Leitlinien aufzuzeigen. Therapeutisch werden mehr pädagogisch-psychagogische Maßnahmen der Ermutigung, aber auch moralischer Forderung eingesetzt. Die Adlerschen Gedankengänge, die viele von ihm erstmals gut beschriebene und praktisch verwertbare Beobachtungen enthalten, wurden überwiegend von Lehrern, Erziehern und Heilpädagogen übernommen und fanden viel Anklang einmal wegen ihrer unkomplizierten Eingängigkeit und andererseits wegen der geringeren »Anstößigkeit« seiner Lehre im Vergleich zu der von Freud. Seine vielen fruchtbaren Ideen wurden zum Teil bei Fritz Künkel weitergeführt, von Karen Horney und Schultz-Hencke mit ins psychoanalytische System übernommen, während seine Schulrichtung zahlenmäßig wegen des Mangels an einem der komplexeren Wirklichkeit gerechter werdenden, klinisch differenzierteren Grundmodells der Neurose im Schwinden begriffen ist. Adler ist das historische Beispiel einer seinerzeit wohl notwendigen Opposition gegen die Einseitigkeit der frühen Psychoanalyse, einer Opposition, die jedoch durch die Weiterentwicklung der Psychoanalyse selbst eingeholt und überrundet wurde, weil sie ihrerseits durch einen zu eindimensionalen Ansatz in ihrem theoretischen und therapeutischen Modell nicht entwicklungsfähig war.

I. Die analytische Psychologie – C. G. Jung

Jung ist in gewissem Sinn Freuds Antipode. Bei ihm »weht ein ganz anderer Geist«. Während sich Freud stets bemühte, seine empirischen Erfahrungen in ein wissenschaftliches Modell zu fassen, geht Jung über dieses Anliegen hinaus. Obwohl er sich immer wieder auf Empirie und naturwissenschaftliche Begriffe stützt, will er im Grunde die tiefe Wesensschau. Bleibt Freud letztlich dem ärztlichen Auftrag, nämlich der Heilung eines Kranken, verhaftet, so sucht Jung nicht nur einen Heilungsweg für einen Patienten, sondern einen Heilsweg für den Menschen. Sein letztlich metaphysisches Anliegen führte ihn insbesondere auch zu Studien im Bereich der Mythologie, Mystik, Alchemie und Astrologie. Er ist von den von ihm erschauten und entdeckten Bildern des Unbewußten so ergriffen, daß er sich mehr zum Seelenführer gedrängt fühlt. In solcher Verschiedenheit der Begabung und Zielrichtung dieser beiden genialen Ärzte lag für beide sowohl ihre Größe wie auch ihre Gefahr.

Da es hier nicht möglich ist, in dem Maße auf Jungs Werk einzugehen, wie es seiner Bedeutung entspräche, seien nur einige wesentliche Grundgedanken erwähnt. Die Trennung von Freud wurde eingeleitet durch Differenzen über den Libidobegriff. War für Freud Libido die Gesamtheit der prägenitalen und genitalen sexuellen Energie, so sah Jung in ihr die seelische Energie schlechthin. Während Jung der Freudschen Ausweitung des Begriffes Sexualität »unklare Dunstigkeit« vorwirft, wird bei ihm Libido zu einem viel allgemeineren unanschaulichen Begriff, als Grundlage einer psychologischen Theorie der Neurose an Stelle der biologisch-psychologischen Sexualtheorie (der frühen Psychoanalyse). Während Freud vom dialektischen Konflikt und dem Gegensatzpaar Lust/Unlust ausgeht, denkt Jung zwar auch dynamisch, aber im monistischen Modell eines sich selbst regelnden und vollendenden, kompensatorisch-energetischen Geschehens, wobei er sich durchaus physikalischer Bilder bedient (z. B. des eines geschlossenen Systems kommunizierender Röhren). Bildersymbole sind für ihn Energietransformatoren der Libido, die es therapeutisch bewußt zu machen gilt. Von dieser Hochschätzung irrational-bildhaft-intuitiver Vorgänge gewinnt Jungs Lehre, quasi ebenfalls kompensatorisch, einen mehr »weiblichen« Aspekt gegenüber Freuds mehr »männlich«-rationaler, begrifflich klareren Linie.

Jacobi greift in ihrer Einführung in die Jungsche Psychologie drei wichtige Begriffe heraus: Komplex, Archetypus und Symbol.

a) *Komplex:* Unter diesem populär gewordenen Begriff versteht Jung »gefühlsbetonte Vorstellungsgruppen im Unbewußten«. Bereits in seinen experimentell-diagnostischen Assoziationsstudien (1906) fand er, daß die Assoziationen gewissermaßen wie magnetisch angezogen auf den Komplex hinsteuern, der unbewußt ist. Ist er stark energiegeladen, so bildet er ein zweites Ich, kann sich abspalten und autonom werden, so daß dadurch auch die Persönlichkeit gespalten wird (z. B. bei der Zwangsneurose). Es kann dann dazu kommen, daß das bewußte Ich in dessen Sog gerät und von ihm überwältigt wird, dann »hat man nicht einen Komplex, sondern der Komplex hat einen«. Er kann in personifizierter Form auftreten (die »Stimmen« in der Psychose) oder projiziert werden (Vision, Spuk). Dem Komplex gegenüber sind vier Verhaltensweisen möglich: völlige Unbewußtheit seiner Existenz; Identifizierung mit ihm; Projektion; als gesündeste jedoch: Konfrontation und Auseinandersetzung mit ihm. Darin liegt die therapeutische Chance, aber gerade der neurotische Mensch will das Leben denken, statt es zu erfahren.

Komplexe sind hauptsächlich Inhalte des persönlichen Unbewußten (von Jacobi fälschlich mit Freuds Begriff des Unbewußten gleichgesetzt). Jung betont jedoch, daß ohne Komplexe die seelische Aktivität zu einem fatalen Stillstand käme. »Leiden ist keine Krankheit, sondern der normale Gegenpol des Glücks. Krankhaft wird ein Komplex erst dann, wenn man meint, man hätte ihn nicht.« Jung weist somit auf das Produktive der Neurose hin, wenn sie nur bewußt angenommen und als Aufruf verstanden wird, eine zweifellos sachgerechte Sichtweise, die dem »Neurotiker« die menschliche Würde wiedergeben kann, die durch den Beigeschmack dieser »Diagnose« dem (scheinbar) Gesunden gegenüber leicht bedroht ist.

Soweit besteht zwischen Freud und Jung praktisch Übereinstimmung. Während Freud sein Hauptinteresse nun der therapeutischen Verarbeitung des Komplexes durch Aufsuchen seiner ontogenetischen Wurzeln widmet, fand Jung als Kern und Knotenpunkt des Komplexes ein kollektives, überpersönliches Symbol, das über eine personalistische Betrachtungsweise hinausführt. Der Komplex stellt sich ihm nun zwar als Anteile des persönlichen Unbewußten dar, die sich aber um einen Inhalt des kollektiven Unbewußten (Archetyp) lagern und ankristallisieren. Freud dagegen erklärt: »Ich halte es für methodisch unrichtig, zur Erklärung aus der Phylogenese zu greifen, ehe man die Möglichkeit der Ontogenese erschöpft hat; ich sehe nicht ein, warum man der kindheitlichen Vorzeit hartnäckig eine Bedeutung bestreiten will, die man der Ahnenvorzeit bereitwillig zugesteht.« Aus dieser differenten Weichenstellung leiten sich die wesentlichen Unterschiede ab, die sich historisch von da an zwischen den Theorien und den Therapiemethoden Freuds und Jungs ergeben haben und beide in dieser Hinsicht als inkommensurabel und nicht mehr stimmig vergleichbar erscheinen lassen.

b) *Archetypen:* Es ist schwierig, den Sinn oder Inhalt des Archetypus in Begriffliches zu kleiden. »Kein Archetypus läßt sich auf eine einfache Formel bringen. Er ist ein Gefäß, das man nie leeren und nie füllen kann. Er existiert an sich nur potentiell, und wenn er sich in einem Stoff gestaltet, so ist er nicht mehr das, was er vorher war. Er beharrt durch die Jahrtausende und verlangt doch immer neue Deutung.« Hier klingt der Begriff der platonischen Idee an, die immer hinter allem Konkreten gedacht werden muß, oder, visuell ausgedrückt, ein Ur-Bild, das durch alles konkret Sichtbare nur hindurchschimmert. Während jedoch die Ideen Platos statisch und in ihrer Klarheit »ewig sind und an überhimmlischen Orten aufbewahrt«, ist der Jungsche Archetypus dynamisch, ein lebender Organismus, mit Zeugungskraft begabt, ist »jenes Kraftfeld oder Kraftzentrum, das dem Bildwerden des psychischen Ablaufs zugrunde liegt«. Man spürt die Nähe Goethes (»wär nicht das Auge sonnenhaft, die Sonne könnt es nie erblicken«), wenn Jung sagt: »Dem Licht setzt der Organismus ein neues Gebilde, das Auge, entgegen, und dem

Naturvorgang setzt der Geist ein symbolisches Bild entgegen, das den Naturvorgang ebenso erfaßt, wie das Auge das Licht.« Die symbolische Weltauffassung Jungs wird hier deutlich – ein Gegenpol zu Freuds Tendenz, psychologische Phänomene naturwissenschaftlich zu erfassen.

Aber Jung sieht im Archetypus auch etwas Biologisches, vergleichbar den Instinkten, die vererbt werden und der Regulation des Seelenlebens dienen. Er spricht vom Archetypus auch als Selbstabbildung des Instinkts und gesteht daher auch den Tieren das Vorkommen gewisser Archetypen zu (der Nestbau, der rituelle Tanz der Bienen, die Schreckabwehr des Tintenfisches oder die Entfaltung des Pfauenrades). Rituelles Verhalten erscheint als überindividuelle Ordnung von arterhaltendem Wert. Auch das erste Lächeln des Kindes wird archetypisch gesehen, ausgelöst durch die Gestaltwirkung des lebenden menschlichen Gesichts. Archetypen sind freilich nicht vererbte Vorstellungen, sondern vererbte Möglichkeiten von Vorstellungen, eine Disposition, welche in einem gegebenen Moment der Entwicklung des menschlichen Geistes zu wirken beginnt und das Bewußtseinsmaterial zu bestimmten Figuren ordnet.

Jeder Archetypus ist wie ein stämmiger Baum unendlicher Entwicklung und Differenzierung fähig, er treibt Äste und tausendfältige Blüten. Je konkreter und bewußter diese Gestaltungen werden, um so geringer ist ihre Sinnfülle und ihre numinose energetische Ladung. Wertmäßig gesehen, ist der Archetypus in jeder Hinsicht neutral; seine Inhalte erhalten erst durch die Konfrontation mit dem Bewußtsein ihre Wert- und Ortsbestimmung. Daher wird das kollektive Unbewußte als Ort der Archetypen auch als das *»Objektiv-Psychische«* bezeichnet.

Dem Archetypus kommt eine *bipolare* Wesenseigenschaft zu. Er ist wie ein Januskopf, nach rückwärts und vorwärts gerichtet. So ist z. B. im Mutter-Archetypus einmal das nährende, pflegende, fördernde, zugleich aber auch das verschlingende, fressende, wieder vereinnahmende Prinzip enthalten, so wie es in den mythologischen Bildern der »Magna mater« zu allen Zeiten dargestellt wurde: der liebende und der furchtbare Mutteraspekt zugleich. Erst in Bewußtseinsnähe werden die ursprünglich bipolaren Aspekte getrennt: Die Ur-Mutter wird aufgespalten in die Gottesmutter Maria und die Hexe; der Vater-Archetypus im Schöpfer- und zugleich Verfolgergott Jahwe trennt sich religionsgeschichtlich in den liebenden Gott und den Teufel. Im Märchen von Hänsel und Gretel sind die Mutter zu Hause und die Hexe im Wald als die zwei bipolaren Aspekte des Mutterprinzips zu verstehen.

Archetypen sind daher Kraftfelder des kollektiven Unbewußten, die maßgebend sind für gesetzmäßige Gruppierungen des Erlebnismaterials und für charakteristische Abläufe elementaren seelischen Geschehens (Seifert). Sie stellen apriorische, der unbewußten Seele innewohnende Bereitschaften zur psychischen Erfassung der Welt und des Daseins dar, sind unabhängig von Zeit und Raum und dem Achsensystem eines Kristalls zu vergleichen, welches die Kristallbildung in der Mutterlauge präformiert, ohne selber eine materielle Existenz zu besitzen.

In Träumen treten die Archetypen oft personifiziert auf. So kann der Mutter-Archetyp erscheinen als Priesterin, Hexe, Madonna, Erdmutter, Medusa, Bäuerin, Nonne, Köchin und Kindsmagd. Andere archetypische Gehalte treten im Gewand spezifischer Entwicklungs-Situationen auf: Drachenkampf, Verwandlung in Tiere und Götter, als Töten der Eltern, als Taufe, als Ausfahrt aus einem Hafen aufs Weltmeer usw., alles Ur-Situationen, die in den Mythologien aller Zeiten und in religiösen Riten und Zeremonien direkt oder verschlüsselt aufgefunden werden können. Solche religiöse Riten haben daher meist einen archetypischen und damit numinosen Gehalt, z. B. die Knaben- und Mädchenweihen als (über die Freudsche Kastrationsthematik hinausreichende) symbolische Dokumentation der Herauslösung aus der schützenden Elternbindung und der Konfrontation mit dem Tod. Sie weisen auf den tiefen Zusammenhang zwischen der aufbrechenden vollen Geschlechtlichkeit mit dem Tod hin – schöpferisches Zeugen und Sterben stehen wesensmäßig in ähnlich untrennbarer Bipolarität zueinander wie Tag und Nacht oder Frühling und Herbst. Die Mythenüberlieferung ist daher ein Gefäß des Wissens um die in der Tiefe waltenden Zusammenhänge zwischen dem Menschen, der Welt und den Mächten (Seifert), und Jungs Forschungen in den Bereichen der Mythologie, Alchemie, Astrologie und Märchenkunde haben seine Archetypenlehre reich befruchtet. Freilich, so wäre kritisch zu sagen, ergaben sich hier trotz faszinierender Aspekte auch Felder, auf denen sich die Spekulation unkontrolliert ergehen kann.

c) *Symbol:* »Erscheint der Archetypus im Jetzt und Hier von Raum und Zeit, kann er im Bewußtsein in irgendeiner Form wahrgenommen werden, dann sprechen wir von Symbol« (Jacobi). In der Symbolauffassung – für jede Traumanalyse entscheidend wichtig – unterscheidet sich Jungs Auffassung von der Freuds am meisten. Für Freud ist das Symbol, das der Traum so reichlich verwendet, eine Vorstufe des gedanklichen Begriffes, Ausdruck der noch ungenügend ausgebildeten Unterscheidungsfähigkeit des Kleinkindes, das Ähnliches im Symbol gleichsetzt. Jung unterscheidet streng zwischen *Allegorie* (absichtliche Umschreibung oder Umgestaltung einer bekannten Sache), *Zeichen* (Ausdruck, der für eine bekannte Sache gesetzt wird) und *Symbol*, das als Sinnbild einer unbekannten Sache, die aber zunächst gar nicht klarer und charakteristischer darstellbar ist, einer ganz anderen Ebene der Wirklichkeit angehört. Das Haus als Symbol der menschlichen Persönlichkeit, das Blut als Symbol von Leben und Leidenschaft können, je nach Einstellung des Betrachters, konkret oder als Sinnbild aufgefaßt werden. Aber nach Jung gibt es auch Symbole, deren symbolischer Charakter vom Betrachter unabhängig sind: ein Dreieck mit einem darin eingeschlossenen Auge wäre als reine Tatsächlichkeit sinnlos, nicht dagegen als Zeichen einer übersinnlichen Wirklichkeit. Ein Symbol wie das Kreuz kann für einen Menschen auch ein erloschenes Symbol sein; als lebendiges Symbol spricht es jedoch die menschliche Ganzheit an und bringt sie zum Klingen, niemals nur den Intellekt. Symbole haben mit der Dimension der Sinngebung zu tun, sind Mittler zwischen dem kollektiven und dem persönlichen Unbewußten und Energietransformatoren der Libido. Im Symbol fallen die Gegensätze zwischen Bewußtem und Unbewußtem in einer Art *coincidentia oppositorum* zusammen – die Bipolarität ist in ihm aufgehoben und zugleich erhalten.

Dieser fülligere, trächtigere und »tiefere« Symbolbegriff (ver)führt Jung nun dazu, viele psychische Geschehnisse, die Freud konkreter nimmt, (nur) symbolisch zu verstehen, z. B. Triebkonflikte als Ausdruck archetypischer Inhalte. Inzestwünsche des Jungen z. B. seien in erster Linie als Ausdruck der allgemein-menschlichen und überall vorhandenen, immer wiederkehrenden Sehnsucht nach der Rückkehr in den paradiesischen Urzustand der Unbewußtheit zu verstehen, in eine verantwortungs- und entscheidungsfreie Geborgenheit, für welche der Mutterschoß das unübertreffliche Symbol ist. Diese Regression habe nicht nur einen negativen, sondern auch einen positiven Aspekt, nämlich die Möglichkeit einer Überwindung der personellen Gebundenheit an die wirkliche Mutter zugunsten des archetypischen Urgrunds der Mütterlichkeit (Jacobi – vgl. Fausts Ruf nach den Müttern). Auch die Homosexualität ist, nicht konkret, sondern symbolisch aufgefaßt, als Suchen nach der Vereinigung mit einem gleichgeschlechtlichen Wesen, d. h. mit der eigenen zuwenig gelebten oder verdrängten psychischen Seite zu verstehen. Jung betont, daß er mit dieser Sicht nicht im Gegensatz zu Freud stehe, sondern dessen personalistische Sicht in einem tieferen Sinn ergänze. Besonders in den »großen Träumen«, die von numinosem Gehalt erfüllt sind, sollten die archetypischen Bilder und Symbole nicht durch rational-personalistisches Konkretisieren mißachtet werden.

d) *Die Struktur der Psyche:* Bei gemeinsamem Ausgangspunkt (dem Unbewußten) kommt Jung zu einer wesensmäßig andersgearteten Auffassung von der Struktur der Psyche als Freud. Jung greift eine bereits von Freud in der »Traumdeutung« angedeutete Richtung auf, nämlich die Gemeinsamkeit in den Inhalten des Unbewußten aller Menschen zu allen Zeiten. Während ihm etwa eine Instanzenlehre (der Begriff des Ich bleibt bei Jung recht vage), die Abwehrmechanismen und die präzise Herausarbeitung der genetischen Entwicklungsstufen oder einer systematischen Neurosenlehre unwichtig bleiben, beschäftigt ihn das *kollektive Unbewußte* um so mehr. Jung fand beim ausgedehnten Studium der archaischen und antiken Mythologien der frühen Hochkulturen, des Christentums, aber auch in den kollektiven Schöpfungen der

Märchen-, Legenden- und Sagenwelt wie in den Werken der Weltliteratur gemeinsame Inhalte, dargestellt in wechselnden Kulissen. Die gleichen spezifischen Inhalte fand er jedoch ebenso in den inflationären Wahninhalten der Psychotiker wie in Träumen »nur« neurotischer, aber auch gesunder Menschen, ohne daß diese jemals im Laufe ihres Lebens Gelegenheit gehabt hätten, von solchen mythologischen Inhalten persönlich zu erfahren. Daraus schloß Jung, daß es sich in den Inhalten des kollektiven Unbewußten um die gewaltige geistige Erbmasse der Menschheitsentwicklung handeln müsse, wiedergeboren in jeder individuellen Struktur, deren Mutterboden sie darstellt. Als *Kollektivpsyche* reicht sie über den einzelnen Menschen hinaus und verbindet untergründig alle Menschen miteinander. Aus diesem gemeinsamen Mutterboden wächst wie eine Pflanze das persönliche Unbewußte als Ichkern heraus (wobei der Psychotiker wegen seines schwachen Ichs von solchen kollektiv-archaischen Inhalten so überwältigt wird, daß er sich mit Göttern, Helden und sonstigen archaischen Gestalten identifiziert glaubt).

Als Ausdruck der Kollektivpsyche, aber zugleich als individuelle »Ich-Hülle« entwickelt das Individuum die *Persona* (Maske). Sie ist ein Kompromiß zwischen Individuum und Sozietät über das, »als was einer erscheint«, eine Fassade nach außen, wie sie etwa im »typischen« Gehabe eines Richters, Pfarrers, Generals usw., aber auch in ihrer Amtstracht oder Uniform, zutage tritt und wie sie als tatsächliche Maske z. B. vom Häuptling eines primitiven Stammes getragen wird. Sie enthält einerseits den individuellen Ansatz zur Unterscheidung, andererseits in ihrer Art aber auch einen Ausschnitt aus der Kollektivpsyche, weil sie dem entsprechen will, was kollektiv erwartet wird.

e) *Der Individuationsweg:* Während Freud von Arbeits- und Liebesfähigkeit als therapeutischem Ziel spricht, ist Selbstverwirklichung im Sinne des »Werde, der du bist« das entscheidende therapeutische Anliegen Jungs. Dieser Weg zur Individuation führt einerseits das Selbst aus den beengenden Hüllen der Persona heraus (aus der ausschließlichen Identifizierung mit einer Berufsrolle und dem allzu starken Verhaftetbleiben an Verhaltensmuster unter gleichzeitiger Verdrängung personaler Wesensseiten). Andererseits muß das Selbst auch aus der Suggestivgewalt unbewußter Bilder befreit werden. Auf dem Heilsweg der Individuation begegnet der Mensch nach Jung regelhaft bestimmten Inhalten seines kollektiven Unbewußten, die es bewußt zu erkennen und zu assimilieren gilt, zunächst dem *Schatten*. Dieser ist gleichsam das Spiegelbild der im Ichaufbau vernachlässigten, abgelehnten und daher verdrängten (gleichgeschlechtlichen) Eigenschaften. Neben dem »persönlichen Schatten« gibt es auch einen »kollektiven Schatten«, etwa die Gestalt des Mephisto. Die Gegenüberstellung »Ich und Schatten« ist auch ein archetypisches Motiv, das in der romantischen Literatur (Verkauf des Spiegelbildes an den Teufel), in den »Zwillingspaaren« der Mythologie (Gilgamesch-Enkidu, Apollon-Dionysos, Kain-Abel) wie in der Weltliteratur (Faust-Wagner, Don Quichote-Sancho Pansa) als gegenseitiges Ergänzungsmotiv auftaucht. Meist wird der Schatten projiziert und dann überscharf an anderen bekämpft. Zur Selbstwerdung muß er als eigener Wesensbestandteil angenommen und integriert werden, wobei es sich überwiegend um psychische Inhalte der persönlichen Lebensgeschichte handelt. *Anima – Animus* dagegen sind archetypische Mächte und beinhalten außer persönlichen auch noch kollektiv geprägte Züge. Die Auseinandersetzung mit den zumeist unbewußten weiblichen Zügen des Mannes (Anima) bzw. mit den unbewußten männlichen Zügen der Frau (Animus) gehört zu den wesentlichen Aufgaben des zweiten Teils des Individuationsprozesses. Neben den persönlichen Eindrücken an Vater und Mutter ist im Kind nach Jung ein apriorisches archetypisches Wissen vom Väterlichen und Mütterlichen am Werk, als Frühform von Anima und Animus. Der ältere Mensch dagegen muß das Gegengeschlechtliche in sich selber auffinden und fruchtbar machen, um zur inneren Abrundung zu gelangen. Die Anima des Mannes kann sich im Traum als Elfe, Nixe, Zauberin, Hexe, Göttin, Amazone usw. darstellen. Ein weicher, nach außen überwiegend gefühlsbetonter Mann wird seine Anima in Gestalt einer kämpferischen Amazone in sich tragen (und, falls er der »Animaprojektion« verfällt, diese bei sich selbst abgewehrte aggressivere Seite in einer entsprechenden Frau heiraten). Ein kämpferisch-robusterer Mann trägt unbewußt eine scheue zarte »Elfen-Anima« in sich (und fühlt sich von solchen Frauen angezogen, auf die er sie projizieren kann). Während der Mann nur eine Anima hat, soll nach Jung die Frau mehrere Animus besitzen, die im Traum weniger umrissen auftauchen, sondern sich in proteushaften motorischbewegten Gestalten (»Fliegender Holländer«) zeigen. Werden Anima und Animus nicht als Projektionen von Eigenem erkannt, so wird der betreffende Mann seine eigene Launenhaftigkeit, Sentimentalität und Unzuverlässigkeit seiner Partnerin ankreiden, wie umgekehrt die betreffende Frau nicht einsehen will, daß ihre felsenfesten Meinungen und Argumente einer Scheinlogik entspringen, die ihrer eigenen abgewehrten »Männlichkeit« entstammt (Jacobi).

In der weiteren späteren Phase des Individuationsprozesses tauchen die archetypischen Figuren des *Alten Weisen* (Vaterarchetypus) und der *Großen Mutter* (Mutterarchetypus) auf, die zur Loslösung von den konkreten Eltern führen sollen.

Diese sich an Träumen vollziehende Begegnung mit den Archetypen ist ein Vorgang, der sich wegen der mächtigen Numinosität und Faszination durch diese Urbilder nicht gefahrlos vollzieht. Die »zauberische Macht«, die von diesen Symbolen des kollektiven Unbewußten ausgeht, nennt Jung *Mana*. Sie kann vom Ich Besitz ergreifen (Identifikation), was zu einer Besessenheit mit Selbstvergottung und Selbstverblendung führen kann. Erst die Auflösung dieses Gefühls, durch Identifizierung mit archetypischen Inhalten »bedeutend« geworden zu sein, führt zur letzten Stufe reifer Selbsterkenntnis, zur Überschau und Distanz.

Diese Entwicklung vollzieht sich nicht linear, sondern in ständiger Umkreisung der Mitte. Wer in der ersten Lebenshälfte vorwiegend seine Extraversion gelebt hat, wird in der zweiten mit der nun notwendiger werdenden Introversion, mit dem »Weg nach Innen« Schwierigkeiten haben, ähnlich wie es meist Introvertierte sind, die in der ersten Lebenshälfte mit der geforderten Realitätsbewältigung nicht ohne psychotherapeutische Hilfe zurechtkommen. Jung hat in seinem Werk *Psychologische Typen* eine Typologie entwickelt, die einerseits auf den von ihm angenommenen vier »Grundfunktionen« der Psyche aufbaut (Denken und Fühlen als »rationale«, Empfindung und Intuition als »irrationale« Funktionen). Je nach der überwiegend ausgebildeten Funktion entstehen vier Funktionstypen als Möglichkeit, die noch durch den vorherrschenden »Einstellungstypus« (Extra- oder Introversion) differenziert werden, eine Typologie von besonderer Problematik, auf die hier nicht eingegangen werden kann.

f) *Die Jungsche Psychotherapie:* Die teils auf ganz anderen Grundvorstellungen aufbauende Konzeption Jungs über die Seele wie auch die mehr auf Innenschau als auf Weltbewältigung gerichtete Zielsetzung seiner Therapie haben zu methodischen Unterschieden gegenüber der psychoanalytischen Therapie geführt. In der *Traumanalyse* wird die Entstellung durch die Traumarbeit viel weniger beachtet, um so mehr Wert jedoch auf den Symbolgehalt des Traums gelegt. Technisch steht die Subjektstufendeutung im Vordergrund. Die Assoziationen des Patienten werden des weiteren durch den Therapeuten ergänzt nach der Methode der Amplifikation: Der Analytiker reichert ein Traummotiv mit analogem Material aus seinem mythologischen Wissen und seiner symbolkundlichen Erfahrung heraus an und erweitert dadurch das persönliche Material des Analysanden durch sinngleiches aus anderen Gebieten. Der Patient wird auch zum »Bildnern aus dem Unbewußten«, zum Malen und Modellieren der aufsteigenden inneren Bilderwelt angeregt, wobei es nicht auf den Kunstwert, sondern den unbewußten Aussagegehalt der Produktionen ankommt, denen sich der Patient absichtslos überlassen soll. Durch die größere Aktivität des Therapeuten verändert sich grundlegend die Beziehung zum Analysanden im Vergleich zur Psychoanalyse. Der Therapeut wird mehr der Belehrende, Anreichernde, damit zu einer Art Seelenführer. Freilich wird Jung nie müde zu wiederholen, wie sehr sich auch der Therapeut persönlich dem stellen muß, was der Analysand über ihn träumt, und bringt hierzu eindrucksvolle Beispiele. Er ist auch überzeugt, daß kein Therapeut einen Patienten weiter führen kann, als er selbst in seiner Eigenentwicklung gekommen ist. Die *Übertragung* wird aber zweifellos von vornherein in bestimmte Bahnen gelenkt und kann sich, zum Teil auch durch das in der Jungschen Therapie übliche Gegenübersitzen, nicht so ungestört entfalten wie bei dem scheinbar passiveren, zurückhaltenderen, »unsichtbaren« Psychoanalytiker. Jungs allgemeiner Tendenz entsprechend wird die Übertragung auch weit mehr symbolisch verstanden und nicht so konkret-zwischenmenschlich bezogen – mit der Gefahr der Entstehung eines (oft ungelöst bleibenden) Meister-Schüler-Verhältnisses von nahezu esoterischem Charakter. Die Bedeutung der *Genese* ist im Vergleich zur Psychoanalyse vernachlässigt, da die psychische Phylogenese eine viel größere Rolle spielt. Die Kindheitsgeschichte wird zwar beachtet, aber nicht so gründlich durchgearbeitet, was freilich für Menschen jenseits der Lebensmitte manchmal mehr Hilfe bringen kann. Inwieweit damit über eine zweifellos beglückende Innenschau seelischer Bilder hinaus Wandlungen zu größerer Reife erzielt werden, müssen das jeweilige Behandlungsergebnis und dessen konkrete Auswirkung auch in den mitmenschlichen Bezügen zeigen.

Eine wichtige Weiterführung des Jungschen Werkes ist Erich Neumann zu verdanken. In einem seiner Hauptwerke, der *Ursprungsgeschichte des Bewußtseins,* unternimmt er es einerseits, die Entwicklung des menschlichen Bewußtseins und seine Befreiung aus der Umklammerung des Unbewußten an mythologischem Material aufzuzeigen. Diese Stadien der Bewußtseinsentwicklung der Menschheit, ablesbar an ihrer Mythenproduktion, setzt Neumann andererseits zu den psychologischen Stadien der Entwicklung der Einzelpersönlichkeit von Kindheit an in Beziehung. Dabei ist ihm ein Werk gelungen, das zwar den engeren psychologischen Rahmen sprengt, aber zu den tiefenpsychologischen Beiträgen gehört, die außerhalb der Psychoanalyse zu den fruchtbarsten zählen dürften.

Literaturverzeichnis

1 Abraham, K.: Versuch einer Entwicklungsgeschichte der Libido auf Grund der Psychoanalyse seelischer Störungen, 1924, in: Psychoanalytische Studien zur Charakterbildung, Conditio humana, Stuttgart 1969

2 – Psychoanalytische Studien zur Charakterbildung, 1924, Neudruck in Conditio humana, Stuttgart 1969

3 Adler, A.: Über den nervösen Charakter, München 1912

4 – Praxis und Theorie der Individualpsychologie, München 1925

5 Aichhorn, A.: Verwahrloste Jugend, Bern/Stuttgart 1965

6 Alexander, F.: Psychosomatische Medizin, Berlin 1951

7 – u. French, Th. M.: Psychoanalytic Therapy, New York 1946

8 Balint, M.: Der Arzt, sein Patient und die Krankheit, Stuttgart 1957

9 – Thrills and Regression, London 1959 (deutsch: Angstlust und Regression, Stuttgart 1959

10 – Primary Love and Psychoanalytic Technique, London 1959 (deutsch: Die Urformen der Liebe und die Technik der Psychoanalyse, Bern/Stuttgart 1966

11 Benedict, R.: Urformen der Kultur, Boston Mass. 1955

12 Bernfeld, S. u. a.: Psychoanalyse und Marxismus, Dokumentation einer Kontroverse, Frankfurt 1970

13 Boss, M.: Sinn und Gehalt der sexuellen Perversionen, Bern 1957

14 – Der Traum und seine Auslegung, Bern 1953

15 – Psychosomatische Medizin, Bern/Stuttgart 1954

16 – Psychoanalyse und Daseinsanalytik, Bern 1957

17 Bowlby, J.: The Nature of the Childs Tie to his Mother, Int. Journ. of Psa. 39, 1958 (deutsch in Psyche 13, 1959/60)

18 Brenner, Ch.: An Elementary Textbook of Psychoanalysis, New York, 1955 (deutsch: Grundzüge der Psychoanalyse, Frankfurt 1967)

19 Dührssen, A.: Psychogene Erkrankungen bei Kindern und Jugendlichen, Göttingen 1954

20 – Psychotherapie bei Kindern und Jugendlichen, Göttingen 1960

21 – u. Jorswieck, E.: Zur Korrektur von Eysencks Berichterstattung über psychoanalytische Behandlungsergebnisse, Acta psychother. 10 (1964)

22 – u. Jorswieck, E.: Eine empirische Untersuchung zur Leistungsfähigkeit psychoanalytischer Behandlungen, Nervenarzt 36 (1965)

23 Eibl-Eibesfeldt, I.: Grundriß der vergleichenden Verhaltensforschung, München 1967

24 – Liebe und Haß, München 1970

25 Elhardt, S.: Zur Handhabung der Trauminterpretation, Ztschr. Psychosom. Med. 6 (1960)
26 – Über gesunde und neurotische »Aggression«, Ztschr. Psychosom. Med. 14 (1968)
27 – Aggression als pathogenetischer Faktor bei psychosomatischen Krankheiten (kommt in Druck)
28 – u. Schelkopf, A. (Hrsg.): Aspekte der Psychoanalyse, Göttingen 1969
29 Erikson, E. H.: Childhood and Society, 1950 (deutsch: Kindheit und Gesellschaft, Stuttgart 1961)
30 Ferenczi, S.: Entwicklungsstufen des Wirklichkeitssinnes, in: Bausteine zur Psychoanalyse, Bern/Stuttgart 1964
31 Foulkes, D.: The Psychology of Sleep, New York, 1966 (deutsch: Die Psychologie des Schlafes, Frankfurt 1969)
32 Freud, A.: Das Ich und die Abwehrmechanismen, München 1964
33 – Einführung in die Technik der Kinderanalyse, München/Basel 1966
34 – Wege und Irrwege in der Kinderentwicklung, Stuttgart 1968
35 Freud, S.: Studien über Hysterie, 1895, Gesammelte Werke, London, Bd. 1
36 – Die Traumdeutung, 1900, Ges. W., Bd. 2/3
37 – Über den Traum, 1901, Ges. W., Bd. 2/3
38 – Zur Psychopathologie des Alltagslebens, 1904, Ges. W., Bd. 4
39 – Drei Abhandlungen zur Sexualtheorie, 1905, Ges. W., Bd. 5
40 – Die »kulturelle« Sexualmoral und die moderne Nervosität, 1908, Ges. W., Bd. 7
41 – Über infantile Sexualtheorien, 1908, Ges. W., Bd. 7
42 – Charakter und Analerotik, 1908, Ges. W., Bd. 7
43 – Analyse der Phobie eines fünfjährigen Knaben, 1909, Ges. W., Bd. 7
44 – Die Handhabung der Traumdeutung in der Psychoanalyse, 1912, Ges. W., Bd. 8
45 – Totem und Tabu, 1913, Ges. W., Bd. 9
46 – Erinnern, Wiederholen, Durcharbeiten, 1914, Ges. W., Bd. 10
47 – Zur Einführung des Narzißmus, 1914, Ges. W., Bd. 10
48 – Triebe und Triebschicksale, 1915, Ges. W., Bd. 10
49 – Trauer und Melancholie, 1916, Ges. W., Bd. 10
50 – Vorlesungen zur Einführung in die Psychoanalyse, 1916/17, Ges. W., Bd. 11
51 – Jenseits des Lustprinzips, 1920, Ges. W., Bd. 13
52 – Massenpsychologie und Ich-Analyse, 1921, Ges. W., Bd. 13
53 – Das Ich und das Es, 1923, Ges. W., Bd. 13
54 – Hemmung, Symptom und Angst, 1926, Ges. W., Bd. 14
55 – Die Zukunft einer Illusion, 1927, Ges. W., Bd. 14
56 – Das Unbehagen in der Kultur, 1930, Ges.W., Bd. 14
57 – Neue Folge der Vorlesungen zur Einführung in die Psychoanalyse, Ges.W., Bd. 15

58 – Die endliche und die unendliche Analyse, 1937, Ges.W., Bd. 16
59 Frisch, M.: Stiller, Frankfurt 1954
60 Fromm, E.: Die Furcht vor der Freiheit, Zürich 1954
61 – Man for Himself (deutsch: Psychoanalyse und Ethik, Zürich 1954)
62 Görres, A.: Methoden und Erfahrungen der Psychoanalyse, München 1958
63 Groddeck, G.: Das Buch vom Es, Wien 1923
64 Hartmann, H.: Ichpsychologie und Anpassungsproblem, Psyche 14 (1960)
65 –, Kris, E. u. Loewenstein, R. M.: Notes on the Theory of Aggression, Psychoanal. Study of the Child, Bd. III/IV, 1946
66 Heigl, F.: Zum strukturellen Denken in der Psychoanalyse, in Schelkopf-Elhardt (28)
67 – Indikation und Prognose in Psychoanalyse und Psychotherapie, Göttingen 1970
68 Horney, K.: The neurotic Personality of Our Time, 1951 (deutsch: Der neurotische Mensch unserer Zeit, München 1964)
69 Jacobi, J.: Die Psychologie von C. G. Jung, Zürich 1940
70 – Komplex, Archetypus und Symbol in der Psychologie C. G. Jungs, Zürich/Stuttgart 1957
71 Jung, C. G.: Diagnostische Assoziationsstudien, Leipzig 1906
72 – Die Beziehungen zwischen dem Ich und dem Unbewußten, Zürich 1933
73 – Psychologische Typen, Zürich 1921
74 – Die Psychologie der Übertragung, Zürich 1946
75 – Über psychische Energetik und das Wesen der Träume, Zürich 1948
76 – Symbole der Wandlung, Zürich 1952
77 – Von den Wurzeln des Bewußtseins, Zürich 1954
78 Kardiner, S. A.: The Individual and his Society, New York 1939
79 – The psych. Frontiers of Society, New York 1945
80 Kemper, W.: Der Traum und seine Be-Deutung, Hamburg 1955
81 – (Hrsg.) Psychoanalytische Gruppentherapie, Stuttgart 1960
82 Klein, M.: Das Seelenleben des Kindes, Stuttgart 1962
83 Künkel, F.: Die Arbeit am Charakter, Schwerin 1932
84 – Grundzüge der praktischen Seelenheilkunde, Stuttgart 1939
85 Kuiper, P. G.: Die seelischen Krankheiten des Menschen, Bern/Stuttgart 1968
86 Lersch, P.: Aufbau der Person, München 1954
87 Loch, W. (Hrsg.): Die Krankheitslehre der Psychoanalyse, Stuttgart 1967
88 Lorenz, K.: Das sog. Böse, Wien 1964
89 Malan, D. H.: A Study of Brief Psychotherapy, London 1963 (deutsch: Psychoanalytische Kurztherapie, Bern/Stuttgart 1965)

90 Malinowski, B.: Mutterrechtliche Familie und Ödipuskomplex, Wien 1924
91 – Geschlecht und Verdrängung in primitiven Gesellschaften, Hamburg 1962
92 Matussek, P.: Die Angst in der schizophrenen Psychose, Ztschr. Psychosom. Med. 6, 1959
93 Mead, M.: Male und Female (deutsch: Mann und Weib, Zürich 1959)
94 Mitscherlich, A.: Aggression und Anpassung, Psyche 10, 1956/57 und Psyche 12, 1958/59
95 – Auf dem Weg zur vaterlosen Gesellschaft, München 1963
96 – Die Unwirtlichkeit unserer Städte, Frankfurt 1965
97 Neumann, E.: Ursprungsgeschichte des Bewußtseins, Zürich 1949
98 Nunberg, H.: Allgemeine Neurosenlehre, Bern 1959
99 Pellegrino, H.: Versuch einer Neuinterpretierung der Ödipussage, Psyche 7 (1961)
100 Preuß, H. G. (Hrsg.): Analytische Gruppenpsychotherapie, München/Berlin/Wien 1966
101 Rapaport, D.: Die Struktur der psychoanalytischen Theorie, Stuttgart 1960
102 Reich, W. u. a.: Psychoanalyse und Marxismus s. (12)
103 – Charakteranalyse, Kopenhagen/Prag/Zürich 1933 (Eigenverlag)
104 Riemann, F.: Die neurosenspezifische Anwendung der psychoanalytischen Technik, Psyche 6 (1952/53)
105 – Grundformen der Angst, München/Basel, 1961
106 – Frühkindliche Formen der Aggression, Intern. Jahrbuch z. Weiterentwicklung d. Psa. 3, Göttingen 1968
107 – Über den Vorteil des Konzepts einer präoralen Phase, Ztschr. Psychosom. Med. u. Psa. 16 (1970)
108 – Vorlesungen und Seminare am Münchener psychotherapeutischen Institut
109 Richter, H. E.: Eltern, Kind und Neurose, Stuttgart 1963
110 – Patient Familie, Hamburg 1970
111 Schelkopf, A. u. Elhardt, S. s. (28)
112 Schraml, W. J.: Abriß der klinischen Psychologie, Stuttgart 1969
113 Schultz-Hencke, H. Schicksal und Neurose, Jena 1931
114 – Der gehemmte Mensch, Stuttgart 1947
115 – Lehrbuch der Traumanalyse, Stuttgart 1949
116 – Lehrbuch der analytischen Psychotherapie, Stuttgart 1951
117 Seifert, F.: Tiefenpsychologie, Düsseldorf/Köln 1955
118 Spitz, R.: Die Entstehung der ersten Objektbeziehungen, Stuttgart 1960
119 Stierlin, H.: Über schizoide Einfühlung, in (28)
120 Uexküll, Th. v.: Grundfragen der psychosomatischen Medizin, Hamburg 1963
121 Waelder, R.: Die Grundlagen der Psychoanalyse, Bern/Stuttgart 1963

122 Weizsäcker, V. v.: Körpergeschehen und Neurose, Stuttgart 1947
123 Winnicott, D. W.: Primäre Mütterlichkeit, Psyche 14 (1960/61)
124 Wyß, D.: Die tiefenpsychologischen Schulen von den Anfängen bis zur Gegenwart, Göttingen 1966
125 Zulliger, H.: Umgang mit dem kindlichen Gewissen, Stuttgart 1953
126 – Horde – Bande – Gemeinschaft, Stuttgart 1961
127 – Heilende Kräfte im kindlichen Spiel, Stuttgart 1963
128 – Die Angst unserer Kinder, Stuttgart 1966

Anhang zum Literaturverzeichnis

Kurzgefaßte Auswahl der deutschsprachigen Werke, die zur weiteren Vertiefung geeignet sind:

Grundlegende Originalwerke der einzelnen Schulrichtungen:
Psychoanalyse: S. Freud, Gesammelte Werke, insbesondere 36, 39, 50, 53, 57)
A. Freud (32)
H. Schultz-Hencke (115, 116)
Individualpsychologie: A. Adler (3)
Analytische Psychologie: C. G. Jung (72)
Daseinsanalyse: L. Binswanger: Grundformen der Erkenntnis menschlichen Daseins, Zürich 1942
M. Boß (16)

Ausführliche Einführungen:
Übersicht über alle Schulen: (124)
Psychoanalyse: (18, 62, 87, 98)
Analytische Psychologie: (69)

Analytische Kinder- und Jugendlichen-Therapie:
(5, 19, 20, 33, 34, 82, 125, 126, 127, 128)

Psychosomatische Medizin:
(6, 15, 19, 120)

Psychoanalytisch-soziologische Probleme:
(12, 29, 60, 61, 95, 109, 110)

Kulturanthropologische Probleme:
(11, 78, 79, 90, 91, 93)

Therapeutische Spezialfragen:
Kurztherapie: (89)
Gruppentherapie: (100)
Familientherapie: (110)
Prognose und Indikation: (67)
Analytische Gesichtspunkte in der ärztlichen Praxis (8)

Repräsentative deutschsprachige Fachzeitschriften:
Psyche, Klett-Verlag Stuttgart
Zeitschrift für psychosomatische Medizin und Psychoanalyse, Verlag für Medizinische Psychologie Göttingen
Praxis der Kinderpsychologie und Kinderpsychiatrie, Verlag für Medizinische Psychologie Göttingen
Gruppenpsychotherapie und Gruppendynamik Verlag für Medizinische Psychologie Göttingen

Sachregister